Sollen wir heute mal?

Sollen wir heute mal was ganz Tolles machen?
Was wir noch nie, nie, nie gemacht haben?
Was überhaupt noch nicht einmal
ein böser Räuber gemacht hat
oder ein Königssohn?
Ja? Sollen wir das heute mal machen?
Was keiner auf der ganzen Welt weiß?
Kein Mensch und auch keine klitzekleine Maus?

Ja? Sollen wir das jetzt mal machen?

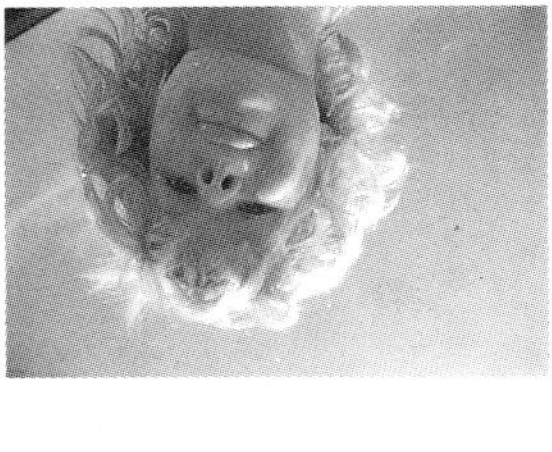

Es geht die Mär
von einem kleinen Haus umher.

Darin wohnt ein Kerl,
den keiner kennt
und den jeder nur
den Ollen Hansen nennt...

Peter-T. Schulz

EIN GLÜCK!

Lieder, Fabeln und Gedichte,
Gedanken, Gespräche und Geschichten
von unterwegs und zwischendurch

mit Freunden gesammelt
und in Hansens Haus aufgeschrieben

DuMont

Der Tagedieb

Es war einmal ein Tagedieb,
der hatte seine Beute lieb.

Der Puzzlestein

Es war einmal
ein Puzzlestein,
der paßte
in kein Puzzle rein.

Der Olle Hansen und die gute Laune am frühen morgen

Guten Morgen, schönes Wetter!
Komm, setz Dich zu mir auf mein Dotter
und feier mit mir Frühstück!

Hier, auf Spiegeleiland
ist Platz für zwei;
und wenn die Sonne gleich noch kommt,
dann sind wir sogar drei!

Sie wird uns unser Eiland braten,
gut durch, sagen wir 5 Minuten.

Wir werden es mit Klee garnieren,
mitten auf dem See servieren
und dann natürlich – probieren!

Schon nach dem ersten Bissen
werden wir nichts mehr vermissen!

Wir werden es in die Welt hinaustuten:

Ein Morgen wie dieser
gehört zu den Guten!

Der Spatz und der Adler

Ein Spatz, der mal alleine war,
sah einen Adler kreisen.

„Sag, Adler“, fragte da der Spatz,
„willst du nicht mit mir speisen,
du bist doch auch alleine?“

Darauf der Adler aus der Ferne:
„Gesellschaft ist für Spatzen da,
wir Adler
brauchen keine!“

Mein Name
ist Hansen,

ich bin ein Esel.

Ich bin ein Vogel,
der die Luft liebt
und den B um braucht.

Ich bin eine Flasche,
in der ein Geist wohnt.

Ich bin ein Einzelwesen
mit einem Straßenbesen.

Ich bin ein alter Schuh
und finde keine Ruh.

Ich bin aus Wasser.
Wenn ich fließe,
bin ich zu etwas nütze.
Bleibe ich stehen,
werde ich eine Pfütze.

Ich bin Georch

Jeden Tag, den ich lebe,
bleibe ich stehen,
halte meinen Schnabel,
stecke meine Hände in die Taschen
und schließe meine Augen.

Ich sehe, höre, rieche und fühle mit dir.

Ich bin wetterfest verleimt,
und meine Maße sind 190 mal 24 mal 6.

Ich bin mit Liebe gesägt, gefräst,
genagelt, geschraubt,
gehobelt, geschmirgelt,
grundiert und gestrichen,
und ich stehe zu allem,
was du denkst.

Ich, dein Storch Georch

Alle Frösche sind schon weg!

Alle Frösche sind schon weg,
alle Frösche, alle!
Grüne, braune, große, kleine,
alle lassen uns alleine!
Keiner springt mehr bei uns rum,
alle sind verschwunden!

Daß sie jetzt
wer weiß wo sind,
macht uns alle traurig.
Keiner ruft mehr nachts am Fluß,
daß man Watte haben muß!
Alle sind jetzt weggehüpft,
quaken in der Fremde!

Liebe Frösche, kommt zurück,
liebe Frösche, liebe!
Unsre Wiese ist so leer,
auch im Fluß planscht keiner mehr,
alle brauchen euch so sehr!
Kommt, seid keine Frösche!

Unsre Wiese

Unsre Wiese hinterm Haus,
die sieht immer freundlich aus.
Sie ist überall aus Gras
und da durchgehn macht uns Spaß.

Unsre Wolken hinterm Haus,
die ziehn in die Welt hinaus.
Sie sind innen drinnen weich.
Manche schwimmen auch im Teich.

Unsre Wege hinterm Haus,
die gehn immer gradeaus.
Nur, in Kurven sind sie krumm
und ein paar kehrn wieder um.

Unsre Flüsse hinterm Haus
fließen in die Welt hinaus.
Nur, wenn wir nach ihnen sehn,
bleiben sie ein bißchen stehen…

Nimm mich doch ein Stück mit unter deinen Hut …

Und wenn ich auch erst 15 bin,
und du bist 30 und…,
ist das doch heute für und gegen
gar nichts mehr ein Grund.

Bei dir, da könnt' ich sein wie ich,
nichts wäre mehr verkehrt;
wo man seine Jeans hinlegt
und wie ein Huhn verzehrt.

Und darum, Alter, bitt ich dich:

Nimm mich doch ein Stück
mit unter deinen Hut,
deine Nähe
tut mir so gut!

Du murmelst was von Falten
und nicht mehr allen Haaren,
als ob es für mich wichtig wär',
wieviel es einmal waren.

Dich könnt ich alles fragen,
du lachtest mich nie aus,
und würdest auch nichts sagen,
käm ich mal nicht nach Haus.

Und darum, Alter, bitt ich dich:

Nimm mich doch ein Stück
mit unter deinen Hut,
deine Nähe
tut mir so gut!

Ich könnte bei dir lernen,
was ich noch lernen muß:
viel sagen ohne Worte
und einen langen Kuß.

Denk jetzt nicht an die Leute
und sage einfach nein,
ich will ja nicht ein Leben lang
mit dir zusammen sein…

Und darum, Alter, bitt ich dich:

Nimm mich nur ein Stück
mit unter deinen Hut,
deine Nähe
tut mir so gut!

Die Sonne und die Wiese

Eine Sonne hatte mal keine Lust,
am Himmel zu stehen.

Da sprang sie in eine Wiese

und ließ sich gehen.

Die Buntstifte

in Hansens Haus malten sich den Tag
gerade in den schönsten Farben aus,
als plötzlich ein Radiergummi
am Himmel stand! –
Hoffentlich war das
ein Schönwetter-Ratzefummel! –

Es würde doch kein Gerubbel geben?

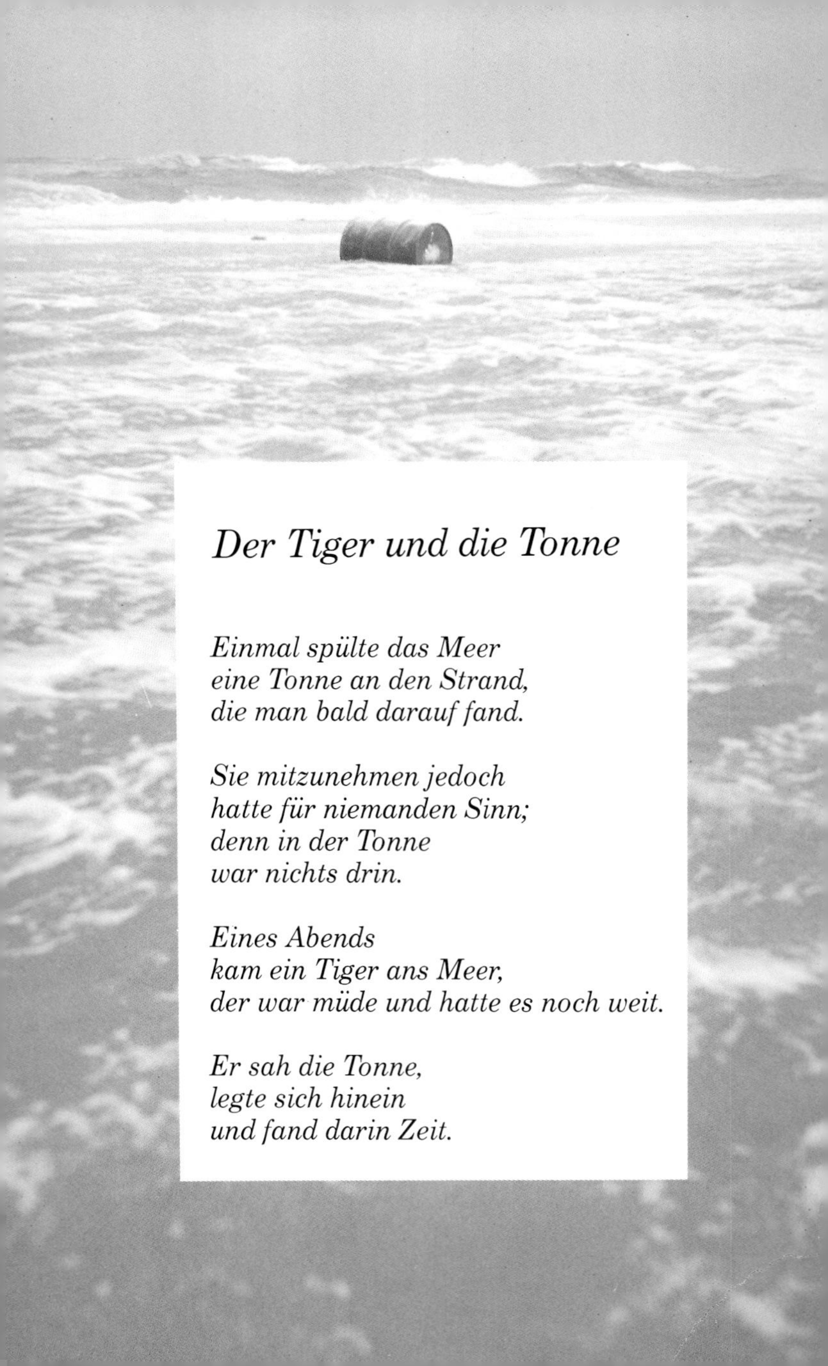

Der Tiger und die Tonne

*Einmal spülte das Meer
eine Tonne an den Strand,
die man bald darauf fand.*

*Sie mitzunehmen jedoch
hatte für niemanden Sinn;
denn in der Tonne
war nichts drin.*

*Eines Abends
kam ein Tiger ans Meer,
der war müde und hatte es noch weit.*

*Er sah die Tonne,
legte sich hinein
und fand darin Zeit.*

Die Riesenkraken

Zwei Riesenkraken wollten mal
den Meeresboden harken,
fanden aber keine Harke. –

Also fragten sie eine dritte Krake:
„Woher kriegen wir eine Harke?“

Als die dritte Krake das hörte,
lachte sie sich krank. –

Da legten die zwei die Arme
auf eine Bank. –

Als sie damit fertig waren,
bemerkte die eine
von den beiden Riesenkraken:

„Dann wird das wohl heute
nichts mehr mit dem Harken…“

Keine Ahnung

Was zeigt mehr
als jedes Fenster?

Keine Wand.

Was gibt mehr
als eine Liebe?

Kein Gedanke.

Was steht nie im Weg?

Eine Brücke.

Was ist immer die Frage?

Keine Ahnung.

Sie schläft

Sie schläft,
weil ihr die Welt gehört.

Ich bin ein Hund.
Ich knurr.
Das stört.

Sie lächelt.

Das kann nur heißen:
ich soll sie beißen!

Herbert

Der Mann in der Sonne schläft nicht.
Er sieht lieber seinem Blut zu, daß zwischen ihm
und dem Licht durch seine Augenlider tanzt.

Der Mann heißt Herbert und ist ein Spinner.
Sein Netz hat er an ein paar Vorsätzen festgemacht.
Unkräutern wie Freiheitsstreb und Liebeswurz.

Unter den Spinnern der näheren Umgebung
gilt Herbert als friedliebender Gelegenheitsfänger.
Spinnen und spinnen lassen.

Der heutige Morgen gehört einem Sonntag,
und Herbert sitzt, wo er sitzt, und wartet.
Eine Lust ist ihm noch nicht ins Netz gegangen,
aber es war ja auch noch früh.

Da zappelt direkt über ihm ein

„Bamm Bamm Bamm Bamm Bamm Bamm Bamm
Bamm Bamm Bamm Bamm Bamm Bamm Bamm
Bamm Bamm Bamm! Bamm! Bamm! Bamm! Bamm!“

Herbert lächelt angestrengt.
Schräg gegenüber hatte sich kurz vorher schon ein

„Dong Dong Dong Dong Dong Dong Dong Dong Dong
Dong! Dong! Dong!
Dong!“

in seinen Maschen breit gemacht.

Würde dies ein Morgen der Geräusche werden?

Bisher hatte er schon ein freundliches
und ein kämpferisches Bellen im Netz,
sehr viel Summen von kleinen Marmeladendieben,
etliches Brummen von großen
(das alles brachte ihm ein bißchen Kindheit),
dann drei, vielleicht sogar vier sich entfernende
Führerscheine (die er sowohl in ein süßes Fernweh
als auch in eine Art Ruhegarantie verwandeln konnte),
weiter sieben Worte einer Küchenbesitzerin
mit dickem Haar (kurz vor der Mitte ihres Lebens),
den fröhlichen Protest eines Zopfzähnchens
(natürlich im guten Kleid und ohne Söckchen!),
ein Türenschlagen (Einigkeit und Recht und Freiheit!)
und dann, ganz unten im Netz, wie reingestolpert –

das Satzende eines benachbarten Esels
(daraus machte er ein Schnäpschen im Gartenhaus,
dann noch eins, dann ruhig viele ...),
aber jetzt:

„Bimm Bimm Bimm Bimm Bimm Bimm Bimm Bimm
Bimm Bimm Bimm Bimm Bimm Bimm Bimm Bimm
Bimm Bimm Bimm Bimm Bimm ...!"

Hell und drängend.
Herbert, Spinner und Gelegenheitsfänger, leidet.
Leidet in seinen Fäden.

Glocken sind die natürlichen Feinde aller Spinner.

Sie zerreißen ihre Netze, zerstören ihre Kunst,
verstehen nichts.

„Bimm Bimm Bimm Bimm Bimm Bimm Bimm ...!"

Herbert schlägt die Augen auf.

Kein Blut mehr. Kein Tanz mehr.
Kein Netz mehr. Keine Beute mehr.

Nur viel Sonntag.

„Auch Spinner können nur fangen, was da ist",
denkt Herbert.

Dann steht er auf und geht ein paar Schritte.

Viel später – so nach 1 bis 2 Sekunden –
ist er dann Spaziergänger geworden.

Der Teppich

Es war einmal
ein Teppich.

Auf dem blieb
keiner gerne.

Der Olle Hansen und das Nichtstun

Ach, hätt' ich 1000 Nasen,
um Euch zu riechen!
Ich würde wie ein 1000-Nasen-Bär
durch Euch kriechen!

Ach, hätt' ich 1000 Hände,
um Euch zu pflücken!
Ich würde 1000 Mieder
mit Euch bestücken!

Ach, hätt' ich 1000 Augen,
um Euch zu erkennen!
Ich würde Euch alle
beim Vornamen nennen!

Ach, hätt' ich 1000 Ohren,
um Euch blühen zu hören!
Durch keinen Blattlaus-Schrei
ließ ich mich stören!

Ach, hätt' ich 1000 Zungen,
um Euch zu besingen!
Du lieber Hansen…
…das würde klingen!!!

Die Zuchtrosen und das Gänseblümchen

Auf der Wiese
sprach man von den Reisen
der Zuchtrosen
und ihren Preisen.

Da fragte das Gänseblümchen:
„Und wie kommt unsereiner
zu seinem Rühmchen?“

Berg und Tal

„Hochmut ist eine Eigenschaft,
die ich einfach nicht hab“,
sprach von oben der Berg ins Tal.

„Einfach nicht hab,
einfach nicht hab!“
wiederholte darauf
zweimal der Hall.

Der Krückstock

Eines Tages erklärte der Krückstock:
„Ich bin ein Zepter!" –

Als er sich fast aufgerichtet hatte,
brannte das Haus ab.

Das Fliegenlied

„Die Fliege ist hier neu im Zoo!“
Die Elefanten sind heilfroh.
Ihr Lachen hört man bis zum Markt,
wo einer Fliegendreck wegharkt.

Die Harke hat er sich geliehen,
bei einem, der hat nicht verziehen,
daß seine mit wem Fliegen fing,
derweil die Klatsch
am Haken hing.

Vielleicht, weil sie so sehr begehrte,
daß man erkannte, sie verwehrte
am liebsten ihren Dienst als Killer –
und was die Klatsche will,
das will er,

der, der sie nicht genommen hat,
nicht der geharkt hat in der Stadt,
der das gehört hat mit den Fliegen,
die jetzt die Elefanten
kriegen…

Berühren ist alles

Ich berühre
ich rühre
ich be
ich B.
i. B.
i. A.
ich Auftrag
ich im Auftrag
ich im Auftrag von
ich im Auftrag für
wen?
Mich?
Dich?
Was weiß ich?!

Ich weiß nicht.
Ich weiß nicht mehr.

Ich berühre nur
sehr.

Der Heilbutt und die Heilsarmee

Ein Heilbutt
wollte mal zur Heilsarmee,
denn er sehnte sich enorm
nach einer Uniform.

Aber die Heilsarmee sagte:
„Nee,
für einen Butt
haben wir keinen passenden Hutt!“

Seitdem ärgert sich der Butt
enorm
über jede Uniform.

Die Scholle

Eine Scholle
kämmte sich mal ihre Rückenflosse
in die Stirn
und trug sie als Tolle.

„Oh!“ blubbten da einige Schollen,
und andere blubbten: „Ach!“

Aber bald blubbte niemand mehr;
denn auch mit Tolle
blieb sie schließlich eine Scholle,
also flach.

Der Feldweg

*Der Feldweg an der Autobahn
kam fröhlich auf sie zugefahrn
an jenem Mittwochmorgen.*

*Sie schaukelten im zweiten Gang
erst zu ihm hin, dann ihn entlang
und fühlten sich geborgen.*

*Sie zupfte eine Schulter frei:
„Hab dir was mitgebracht!"
Er sah sie, ohne hinzusehn
und hat „ein Lied!" gedacht.*

*Das Wäldchen selbst war eine Musch.
Es hockte da am Weg so kusch,
und sie warn krank vor Strom.*

*Er hielt den Wagen an im Kraut.
Die Vögel waren viel zu laut.
Sie schwiegen wie im Dom.*

Er hob sie durch den Brombeersaum.
Sie hat sich leicht gemacht
und war ganz blaß, und er war stark
und hat „ein Buch!“ gedacht.

Dann sahn sich Gans und Füchslein um.
Die Welt war weg. Der Wald war stumm.
Ein Herz schlug im Versteck.

Sie duftete, und er war gar,
Sie fraßen sich mit Haut und Haar,
verzaubert zum Gedeck.

Und als sie satt warn und allein,
war jeder wieder sacht. –
Die Tannennadeln fielen ab.
„Ein Film!“ hat er gedacht.

Ob es was nimmt, ob es was gibt,
wenn einer in Gedanken liebt?
Das Irren ist doch da!

Du fühlst etwas und pur und feste
und schon hast du die tollsten Gäste
im Kopf. Trara!

Der Feldweg an der Autobahn,
der hat den beiden gut getan
an jenem Mittwochmorgen

Fast hätte es nochmal gekracht.
Sie hatten Glück und hab'n gelacht,
und er hat nichts gedacht.

Komm, wir wollen!

Komm wir wollen alles machen,
wo nur Doofe drüber lachen!

Komm, wir wolln uns an uns schmiegen
und uns dann zusammen wiegen!

Komm, wir wollen küssen üben,
du von hüben, ich von drüben!

Komm, wir wolln in Betten tauchen
und im Tauchbett Ketten rauchen!

Komm, wir wolln die Zähne blecken
und uns dann vor uns verstecken!

Komm, wir wollen mit uns ringen
und dazu im Freistil singen!

Komm, wir wolln die Nase rümpfen
über das unter den Strümpfen!

Komm, wir wollen Ohren beißen
und Herr und Frau Ohrwurm heißen!

Komm, wir wolln uns Zöpfe flechten,
du die linken, ich die rechten!

Komm, wir wolln uns an den Füßen
krabbeln und vom Mäuschen grüßen!

Komm, wir wolln die Augen schließen
und den Augenblick genießen!

Komm, wir wollen alles machen,
wo nur Doofe drüber lachen!

Das junge und das alte Känguruh

Ein junges Känguruh
ließ mal einem alten Känguruh
nicht seine Kängu-Ruh.

Da machte das alte Känguruh
einfach die Tasche zu.

Egal

„An meiner Gewöhnlichkeit
werdet ihr Euch
noch die Zähne ausbeißen“,
sprach der…
der…
ist egal, wer.

Das Kosakenlied

Wir sind die Kosaken
und haben einen Zacken!

Wir sind die Hottentotten
und kriegen gleich die Motten!

Wir sind die Elefanten
und treten unsere Tanten!

Wir sind die Polynesen
und fressen einen Besen!

Wir sind die Kannibalen
und können tofte malen!

Wir sind von den Lofoten
und können keinen Knoten!

Wir sind die wilden Leos
und brauchen keine Deos!

Wir sind die Schweinepriester
und lieben alle Biester!

Wir sind die Äppelklauer
und schlauer als der Bauer!

(Wir sind die Schwerenöter
und wackeln mit dem Pöter!)

Wir sind die Drachentöter
und dichten dazu spöter!

Wir sind die Klebegeister
und haben Lust auf Kleister!

Wir sind die ollen Trapper
und werden immer schlapper…

Wir sind die Nachtgespenster
und fliegen durch die Fenster:

Wir sind das Lied jetzt leid
und wollen, daß es schneit!

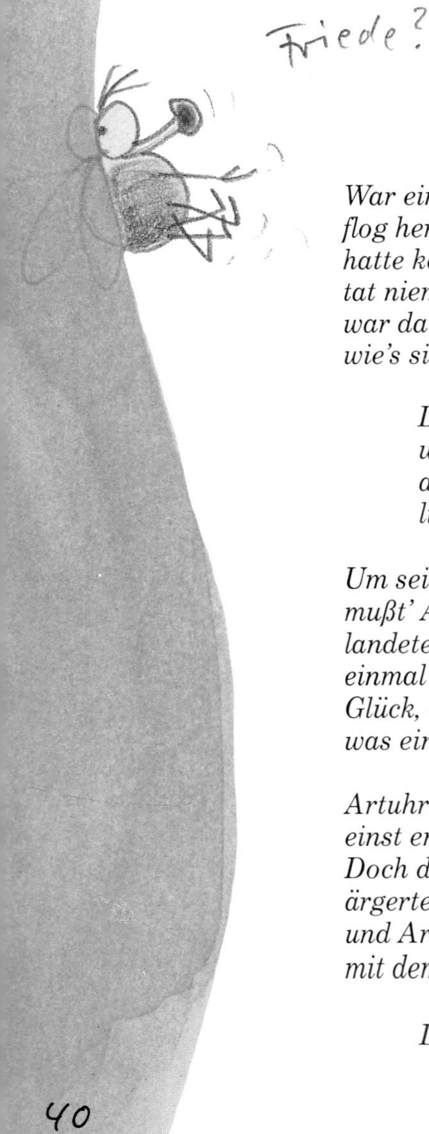

Artuhr

Das Lied der Fliege

War einmal ein Fliegentier,
flog herum, war da und hier,
hatte keine feste Bleibe,
tat niemandem was zuleide,
war dabei kennenzulernen,
wie's sich lebt unter den Sternen.

Diese Fliege hieß Artuhr,
wollte alle lieben nur;
alle aber blieben stur,
liebten nicht Fliege Artuhr.

Um sein Flugwerk zu benutzen,
mußt' Artuhr es manchmal putzen;
landete zu diesem Zwecke
einmal auf der Zimmerdecke. –
Glück, daß er rechtzeitig spürte,
was ein Mensch im Schilde führte!

Artuhr flog in Hungersnot
einst entkräftet auf ein Brot. –
Doch den Eigner jener Schnitte
ärgerte die stille Bitte
und Artuhr entkam so eben
mit dem nackten Fliegenleben!

Diese Fliege hieß Artuhr…

Artuhr liebte die Gerüche
und die Wärme einer Küche;
zog dort einmal seine Kreise,
summte dazu eine Weise,
war so glücklich, daß er lebte, –
merkte plötzlich, daß er klebte!

Tage später ging ein Wesen
durch die Küche mit dem Besen,
sah den vollen Fliegenfänger,
nahm ihn ab von seinem Hänger,
warf ihn schließlich auf den Müll…
und nicht einer wurde still.

Diese Fliege hieß Artuhr,
wollte alle lieben nur;
alle aber blieben stur,
liebten nicht Fliege Artuhr.

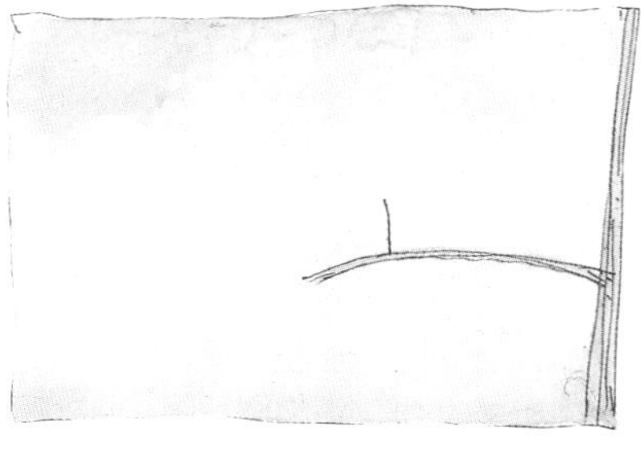

„Ich kann mich nicht entfalten“,
dachte der Schmetterling,
„heute ist wohl nicht mein Tag.“

Luisens Pflicht und Freude

Als ich klein war, habe ich gelernt,
keine Freude zu zeigen,
weil meine Mutter ihre Pflicht tat.

Dann habe ich gelernt,
selber meine Pflicht zu tun,
ohne Freude daran zu zeigen,
weil meine Mutter auch ihre Pflicht tat,
ohne Freude daran
zu zeigen.

Jetzt, als Erwachsene, habe ich die Pflicht,
Freude zu zeigen,
weil mein Mann sonst nicht weiß, warum er seine Pflicht tut.

Aber ich habe auch die Pflicht, meine Pflicht zu tun,
damit meinem Mann Zeit bleibt, sich zu erfreuen.

Wenn ich einmal keine Pflichten habe,
fühle ich mich verpflichtet,
meine Freude darüber nicht zu zeigen,
weil ich weiß, wie anderen zumute ist,
die gerade ihre Pflicht tun;
obwohl ich mich gern einmal freuen würde,
ohne an irgendwelche Pflichten zu denken.

Fragt sich nur, worüber?

7 Olle-Hansen-Gebote

Du sollst keinen Freund langweilen!
Du sollst keine Frau unbeherrschen!
Du sollst keinen Weisen anschwärzen!

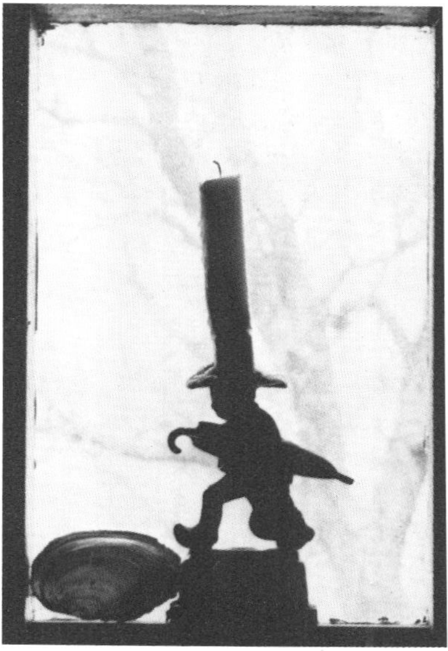

Du sollst kein Zebra streifen!
Du sollst keine Räuberleiter stehlen!
Du sollst kein Sandkorn abrunden!
Du sollst immer grün sein!

Tschau, Leute, tschau!

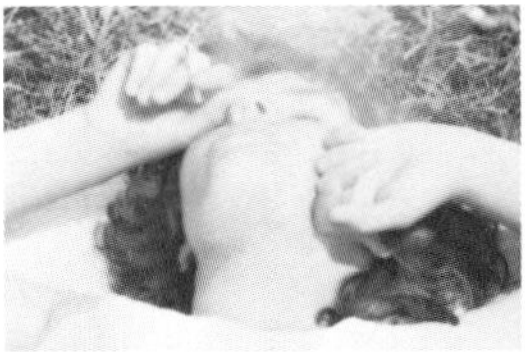

Tschau, Leute, Tschau!
Der Himmel hier bei euch ist mir zu blau!
Das Pausenbrot bei euch ist mir zu fett!
Zu glatt und kalt ist mir bei euch ein Bett!

Tschau, Leute, Tschau!
Die feinen Sitten bei euch, die sind mir zu rauh!
Das Lächeln eurer Zähne ist vom Hecht!
Ihr eßt zwar gut, doch selber schmeckt ihr schlecht!

Tschau, Leute, Tschau!
Bei euch ist jedes Schaf ein Pfau,
der glaubt, sein Platz wär mitten in der Mitte,
und keiner hat mehr Platz für Schritte!

Tschau, Leute, Tschau!
Ich sehne mich nach einem, dem ich trau,
nach Arbeit, bei der ich am Tage schwitze,
und Bäumen, unter denen ich nachts sitze.

Tschau, Leute, Tschau!
Ich buddel mir woanders einen Bau!
Wo Tage einem Zeit für Stunden geben
und alle einfach leben,

einfach leben.

Die zwei ollen Wälzer

Es waren mal zwei olle Wälzer,
die sah man einen um den anderen Tag
(ohne Schutzumschlag)
im nahen Feld verschwinden.

Hinterher
konnte man in ihnen lesen,
es sei dort schön gewesen.

Ein gewöhnlicher Tag

Heute war ein gewöhnlicher Tag.

Wir hatten keinen Besuch
und sagten uns,
daß wir uns lieben.

Während wir gammeln wollten,
ging der Tag vorüber.

Wir waren müde.

Aber das hat uns als Erklärung
nicht gereicht.

Der Eisenträger und die Feder

*„Warum machst du es dir eigentlich
immer so schwer?"
fragte die Feder den Eisenträger.*

*„Was weißt du schon!" antwortete
darauf der Eisenträger,
„wir passen ja nicht einmal
in eine Fabel!"*

Der mit den roten Socken

Er fällt mir auf, wie er so dasteht
mit seinen roten Socken.
Er hat einen Bart und grüne Augen.
Seine Freundin mag ich nicht.
Sie paßt nicht zu ihm.
Ich sehe ihn an, weil ich möchte,
daß er mich ansieht,
und stelle mir vor, wie es ist,
wenn er mich berührt.

> *Denn ich bin ich!*
> *Denn ich bin ich!*
> *Und ich kann schließlich alles machen,*
> *was ich kann!*
> *Und wenn ich ihn liebe –*
> *was geht's ihn an?!*

Ich würde ihm gerne gehören.
Ein Jahr lang.
Und wenn ich am nächsten Morgen aufwache,
und aus dem Fenster sehe,
möchte ich nur noch an mein Frühstück denken
und ein Bad
im Meer.

> *Denn ich bin ich!*
> *Denn ich bin ich!*
> *Und ich kann schließlich alles machen,*
> *was ich kann!*
> *Und wenn er mich liebt –*
> *was geht's mich an?!*

Jetzt beugt er sich zu seiner Freundin herunter,
küßt sie auf die Nase und lacht.
Ich sehe, wie sie dabei die Augen zumacht.
Ich drehe mich um und gehe.

Die Sonne scheint mir ins Gesicht,
und ich knöpfe mein Hemd auf.
Oben in den Dünen stehen kleine Häuser,
und ich fühle,
wie sie mir auf den Busen gucken.
Ich gehe weiter,
öffne meine Lippen
und lasse den Wind in mich hinein.

Denn ich bin ich!
Denn ich bin ich!
Und ich kann schließlich alles machen,
was ich kann!
Und wenn ich mich liebe –
was geht's euch an?!

Soviel ich weiß

*Soviel ich weiß,
bin ich einer,
der zur gleichen Zeit lebt und,
statt Brötchen zu backen
oder Autos zu knacken,
Verse schreibt und Bilder malt
und froh ist,
wenn jemand dafür ist
und deshalb bezahlt.*

*Soviel ich ahne,
bin ich einer,
der Bilder malt und Verse schreibt,
weil er möchte,
daß etwas von ihm übrigbleibt.*

Der Ober und die Oberin

Es war einmal ein Ober,
der ging immer den unteren Weg.

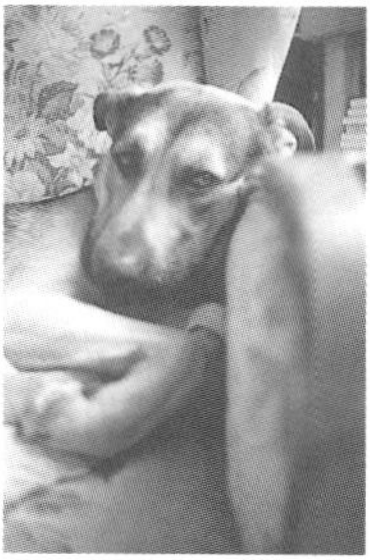

Außer bei der Oberin.

Love me at

Liebe mich ein wenig, ja?

Es geht mir nicht so gut.

Laß uns unsre Hände tauschen

Und mit unserm Atem lauschen!

Na, was sagt dein Blut?

the telephone!
Tutut!
Tutut!
tutut!

Pusteblume für Juschka

Gucken wir nur in den Himmel,
um nichts anderes zu sehen? –

Auf der Erde hier gibt es wenig,
was so befreit wie dein Blau,
du Sonnenschein.

16. Mai 1986

Lied an den Wind

Ich trage mein Hemd offen,
überall ist Wind;
ich hänge an dem Alten,
als wäre ich sein Kind.

Zu zweit gehn wir den Tag entlang
bis wir woanders sind.
Was soll's, wenn ich den Weg zurück
im Sand nicht wiederfind!

Ich trage mein Hemd offen
und häng es in den Wind.
Der Wind – er liebt, was sich bewegt,
und ich – ich lieb den Wind.

Es war einmal ein Dichter,
der reimte sich was zusammen.

Es war einmal ein Elefant,
der nohm garn Purzellin zu Ha...!

Es war einmal ein Chamäleon,
da wußte niemand was Genaues von.

Es war einmal eine Schnecke,
die kam langsam weiter.

Es war einmal ein Schädling,
um den war es nicht schade.

Es war einmal ein bunter Vogel,
der sollte Farbe bekennen.

Es waren mal zwei Ratten,
die wußten, was sie an sich hatten.

Es war einmal ein Kreisel,
um den drehte sich alles.

Es war einmal ein Huhn,
das wäre lieber die Eierfrau gewesen.

Ich, ein Bürger

Gegen die Reichen bin ich arm,
bei den Dummen der Gescheite.

Wo andere frieren, hab ich's warm.
Ich, ein Bürger,
wohnhaft auf der andern Seite.

Was andere richtig machen,
mache ich verkehrt
und hoffe dabei heimlich,
es sei auch umgekehrt.

Ich esse jeden Abend
und werde doch nie satt.

Ich, ein Bürger,
wohnhaft am Rande der Stadt.

Der Schöngeist

Es war einmal ein Schöngeist,
der guckte aus dem Fenster,
freute sich des Lebens
und sprach: „Man sollte hingehen
und eilen
um diese Freude
mit anderen Geistern zu teilen."

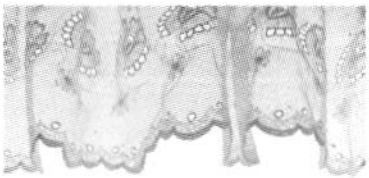

Und sprach's und ging hin,
für seinen Blick aus dem Fenster
zu werben.

Er hatte Erfolg.

Andere Geister kamen,
schlugen ihm die Scheibe ein
und freuten sich an den Scherben.

Die Kohlmeise und die Koksmeisen

Eine Kohlmeise
wollte mal einige Koksmeisen bekohlen
und erzählte ihnen stolz
auf einem Fichtenholz
etwas von einer Amerikareise.

Dabei hat sich das Fichtenholz gebogen
und alle sahen:
das mit der Amerikareise –
das war gelogen…

Manchmal

Manchmal, wenn ich in ein Dorf komme,
wünsche ich mir, darin wohnen zu müssen.
Manchmal, wenn Postkarten kommen mit Ferien
auf beiden Seiten, fühle ich mich im Nachteil.
Manchmal, wenn ich ein eingepacktes Butterbrot sehe,
kümmert es mich, daß ich nicht zufrieden bin.
Manchmal, wenn mir einer die Zähne zeigt,
höre ich ihn gar nicht lachen.
Manchmal, wenn ich mir eine Zigarre anstecke,
lebe ich in Rio, und es ist Karneval.
Manchmal, wenn ich die Dinge an ihren Platz stelle,
lachen sie mich aus.
Manchmal, wenn ich einen nicht leiden kann,
beschenke ich ihn.
Manchmal, wenn ich alleine einkaufe, sehen alle,
daß ich hier fremd bin.
Manchmal, wenn ich nicht von meinem Strand träume,
arbeite ich auf meiner Insel.

Manchmal, wenn Tausende sich freuen,
ist alle sein das Schönste.

Manchmal, wenn ich Traurigkeit sehe,
spüre ich die Lustigkeit schon im Nacken.
Manchmal, wenn ich das Glück
mit beiden Händen greife,
denke ich, es wären früher vier gewesen.
Manchmal, wenn ich mit einer Geschichte
am Ende bin,
wäre ich gerne mit keiner am Anfang.
Manchmal, wenn ich in den Himmel gucke,
fühle ich mich himmlisch.
Manchmal würde ich gerne eine Pause machen,
aber ich habe nur ein a und ein u und ein s.

Dann merke ich, daß ich so tue,
als wäre ich nicht ratlos.

Der Wegerich

Es war einmal ein Wegerich,
der traf auf allen Wegen sich.

Rapunzel

Heute ist kein gewöhnlicher Tag;
denn heute wurde mir
bei einem Gedanken an gestern klar,
daß ich ein Mädchen mag,
daß ich schon länger kannte
und in Anspielung auf ihr langes Haar
„Rapunzel" nannte –
wie man halt eine Freundin nennt,
die man so vom Reden kennt.

Eigentlich ist sie gar nicht mein Typ.
Aber gestern hat sie mir von sich erzählt.
Und jetzt
hab ich sie irgendwie lieb.

In dir lebt etwas von mir

In dir lebt etwas von mir,
und ich bin ein Bauer.

In dir liebt etwas von mir,
und ich bin ein Zigeuner.

In dir wartet etwas von mir
und in mir von dir.

Das Kulleraffen-Lied

Die Kulleraffen sind ganz bunt,
und hinten ist ihr Schwänzchen rund.

Den Kulleraffen ist nie kalt
im Kulleraffenwald.

Die Kulleraffen sind ganz viele,
und alle kennen siebzehn Spiele.

Die Kulleraffen können springen
und hopsen und dabei singen.

Die Kulleraffen sieht man nie.
Nur Kinder sehen die!

Die Kulleraffen turnen rum,
und einer schmeißt den Kaffee um.

Die Kulleraffen essen Quark
und Eis und Chips und sind ganz stark.

Die Kulleraffen malen gerne
und backen sogar Sterne.

Die Kulleraffen haben Geld
und einen, der das zählt.

Die Kulleraffen sieht man nie.
Nur Kinder sehen die!

Die Kulleraffen bauen Drachen,
und manche klauen Sachen.

Die Kulleraffen können Fliegen
ohne Fliegen
ohne Fliegenklatsche kriegen.

Die Kulleraffen laufen weg
und bauen Buden als Versteck.

Die Kulleraffen weinen nicht,
und jeder freut sich im Gesicht.

Die Kulleraffen sieht man nie.
Nur Kinder sehen die!

Im Gefühlsladen

„Guten Tag!
Haben Sie Glück?"
„Tut mir leid. Ist alles schon verwünscht.
Wie wäre es denn mit etwas Pech?"

„Pech habe ich noch.
Aber heimliche Freude könnte ich
mal wieder brauchen!"
„Tut mit leid.
Sowas wird hier nicht verlangt.
Wir führen mehr komische Gefühle…"

„…aber ich habe da doch gerade
Liebe bei Ihnen im Fenster gesehen!"
„Ach die! – Oh, das tut mir aufrichtig leid! –
Das ist unsere Dekoration.
Die ist nicht verkäuflich!"

„Guten Tag!
Ich hätte gerne eine gehörige Portion Wut!"
„Sehr gerne.
Wollen Sie sie kriegen oder soll sie Sie packen?"

„Das ist egal.
Hauptsache sie ist frisch!" –

„Guten Tag!
Ich hätte gerne ein bißchen Spaß am Leben!"

„Sehr gerne.
Wieviel genau bitte?"

„Guten Tag!
Haben Sie Angst?"
„Natürlich. Wir haben schlotternde Angst,
panische Angst und sogar unheimlichen Schiß!"

„Den nehm ich!"
„Wieviel bitte?"

„Eine Hose voll müßte reichen."

„Sonst noch was?"
„Ja, ich würde Ihnen gerne
Ihren Schneid abkaufen!"

„Hhm. – Das wird aber teuer…"

„Guten Tag!
Ich bin tief getroffen
und hätte das gerne etwas höher,
wissen Sie da was?"
„Aber ja! – Sie brauchen beim nächsten Mal
nur etwas runterzugehen!"

„Vielen Dank. – Ich weiß nicht, ob
Sie mich verstehen. Ich möchte einfach
verstanden werden, verstehen Sie?"
„Bitte?"

„Ich wäre gerne eins mit Ihnen!"
„Tut mir leid.
Unter zwei ist da nichts zu machen."

Der Olle Hansen und sein Durst auf kalte Milch

Die Luft ist heut' so schwer und dick,
daß ich sie nicht einmal am Stück
in meine Lungen bringe.
Was früher meine Zunge war,
das ist jetzt ein Stück Seife
mit Schleife.
Und nur noch Du, Du rettest mich –
kalte Milch, ich hab' so Durst auf Dich!

Der Schweiß klebt mir an Haut und Haar
und bildet schon Kristalle.
Auch wenn es stimmt, daß ich einmal
zu 80 Teilen Wasser war –
jetzt bin ich alle!
Und nur noch Du, Du rettest mich –
kalte Milch, ich hab' so Durst auf Dich.

Kalte Milch, ich hab' so Durst auf Dich,
Du weißer Saft vom Land!
Du schmeckst so durch und durch gesund;
und war ich grad noch auf dem Hund,
bin ich jetzt wieder obenauf
und sauf!

Und sauf!

Und sauf!

Jeder atmet

Hast du heut' schon Luft geholt?
War es vielleicht meine?

Ich hab' heute ausgeatmet.
Das ging von alleine.

Jetzt häng' ich in deiner Luft.
Und du bist daneben.

Jeder atmet alle ein.
Raus kommt, wie wir leben.

Dicke Himbeere

Dicke Himbeere
mit mir im Wald,
vermehre dich,
mich,
uns
bald!

Dein Bauch
ist mir eine Ehre,
dicke Himbeere.

Was wir taten,
wird dir
wohl
geraten!

Der kleine Rabe

*„Weißt du denn schon,
was du einmal werden willst?"
fragte die Mutter
eines Nachmittags
ihr Rabenkind.*

*„Ja", antwortete der kleine Rabe,
„Mörder!"*

*„Das ist gut", sagte darauf
die Mutter,
„aber schwer!"*

Der Funke und die Glut

Es war einmal ein Funke,
der wohnte in der Glut;
denn sie tat ihm gut.

Da ging die Glut aus.
Da flog der Funke heraus.
Da wurde es dunkel im Haus.

Ganz allgemein

Was wir wollen, ist wahr.
Was wir sehen, ist da.

Was wir können, ist machen.
Was wir sollen, ist lachen.

Wonach wir uns sehnen?

Immer wieder anfangen.

Mein Kopf, der ist ein Zimmer

Ich möchte aufhörn,
immer nur zu frieren,
und doch zu tun,
als wär mir warm.

Wozu ich Lust hab, ist,
bei etwas zu verlieren,
und jemand
nähme grinsend meinen Arm.

Mein Kopf, der ist ein Zimmer,
in dem zwei Stühle stehn.
Auf einem davon sitze ich,
und auf dem andern
ist niemand zu sehn…

Ich möchte aufhörn
meinen Kopf so hoch zu tragen,
daß andere
ihn nur von weitem sehn.

Wozu ich Lust hab, ist,
zu hörn, daß Freunde sagen,
mit mir, da
könnt man zum Teufel gehn.

Mein Kopf, der ist ein Zimmer…

Ich möchte aufhörn,
alles ganz genau zu wissen,
wo ich doch nicht mal weiß,
wer wen im Leben beißt.

Wozu ich Lust hab, ist,
mit einem zwischen Kissen,
drei mal zu raten,
wie er hinten heißt.

Mein Kopf, der ist ein Zimmer…

Ich möchte aufhörn,
dauernd nach etwas zu suchen,
das ich wohl doch nie find'
(vielleicht,
weil es bei mir im Nacken sitzt.)

Worauf ich Lust hab, ist
ein Pfannekuchen
und jemand,
der mir gegenübersitzt.

Mein Kopf, der ist ein Zimmer…

Pappas Dorf

Seht mal, ihr zwei,
in diesem Dorf
war ich mal klein.

So klein wie ihr.

Und jetzt bin ich groß
und wieder hier.

Und das Dorf ist noch da
und ist noch schön.

Ist das nicht
ein riesiges Wiedersehen?

Gucke mal, ein Stoppelfeld!

Gucke mal, ein Stoppelfeld!
Ist das groß! – Wie eine Welt!

Solln wir da mal drüberhoppeln? –
Au, die pieken ja, die Stoppeln!

Boh, was können wir weit gehen!
Keiner kann uns gleich mehr sehen!

Siehst du, hier sind wir allein. –
Solln wir jetzt mal ganz laut schrein?

Zeit ist ein Riese

Schafe käuen wieder
unter weißem Flieder.
Hammel hat das Sagen,
Herde nichts zu fragen.
Man liegt dekoriert,
hofft, daß nichts passiert.

Katze macht Siesta
drüben bei der Schwester.
Ist jetzt mehr für spielen,
fängt schon an zu schielen…
Amsel ist noch klein.
Wird nie größer sein.

Soll ich mit den Schafen
in der Herde schlafen?
Bin ich eine Katze
mit Krallen in der Tatze?
Weiß nicht, wer ich bin,
und weiß nicht, wohin.

Zwischen Schaf und Katze
hat das Land Glatze.
Mittendrauf ein Haus,
guckt niemand heraus.

Hinten auf der Leine
hängen blaue Beine.
Rest liegt in der Wiese. –
Zeit ist ein Riese.

Soll ich mit den Schafen
in der Herde schlafen?
Bin ich eine Katze
mit Krallen in der Tatze? –
Weiß nicht, wer ich bin,
und weiß nicht, wohin.

Fabelhafte Party

Um kurz nach sieben
war der Irrtum schon da und machte sich lustig.

Um acht gaben die Vasen ihre Blumen ab,
machte der Kardinal wieder denselben Fehler,
stand die Garde bei ihrer Robe.

Um neun schloß die Musik die Ohren,
biß die Schlange das Buffet,
lobte ein Bauch den Herrn,
scherte ein Hummer aus,
tanzten die Puppen
und lachten die Trachten.

Um zehn heizten die Körper die Räume,
sah der Schilene schon mehr als eene.

Um elf säumten die Schneider die Röcke,
baten die Bomben um ihre Entzündung,
zeigte der Wegweiser in alle Richtungen.

Um zwölf wurde dem Weltverbesserer schlecht.

Da erkannte der Rennfahrer
die Nutzlosigkeit seines Tuns
und legte sich in die nächste Kurve.

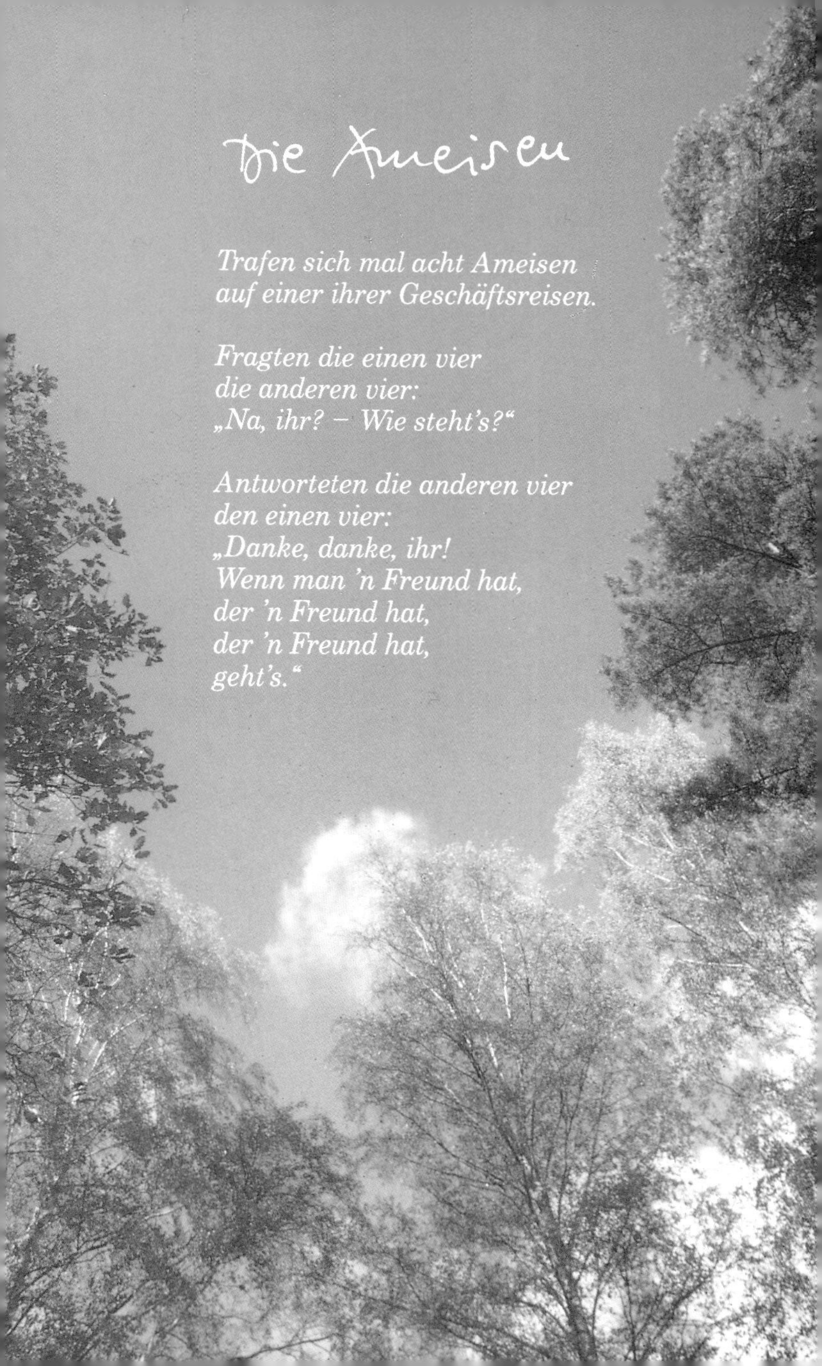

Die Ameisen

Trafen sich mal acht Ameisen
auf einer ihrer Geschäftsreisen.

Fragten die einen vier
die anderen vier:
„Na, ihr? – Wie steht's?"

Antworteten die anderen vier
den einen vier:
„Danke, danke, ihr!
Wenn man 'n Freund hat,
der 'n Freund hat,
der 'n Freund hat,
geht's."

Ich hab die Wut!

Zu jedem Arsch bin ich scheißfreundlich,
und jedem Bär wasch ich den Pelz.
Würd ich vorm Aas nicht auch zum Geier,
ich käme nie an ein paar Eier.

Ich hab die Wut!

Vor jeder Sprotte mach ich einen Bückling
vor jedem Schwein mach ich mich klein,
hätt ich als Hamster nicht auch eigne Taschen,
ich wäre nur mein Pfand wert bei den Flaschen.

Ich hab die Wut!

Vor jedem Hund zieh ich den Schwanz ein
und jedem Kuckuck flieg ich nach.
Zög ich im Schatten nicht auch mit den Ratten,
ich läge längst schon tief und flach.

Ich hab die Wut!

Ich hab die Wut, daß das so ist,
und ich auf meinen eignen Mist
so wenig stolz bin
und nicht kratz und kräh,
wie ich mich selbst am liebsten säh!

Ich hab die Wut?
Die Wut hat mich!
Denn wütend,
wütend bin ich nicht.

Alabama!

Ein Blinder und ein Lama
woll-ten nach Alabama.

Der Blinde konnt' kein Weg nicht sehn,
das Lama konnt' kein Schritt nicht gehn.

Da stützte sich der Blinde auf…
da nahm das Lama seinen Lauf! –

So lernen wir verstehen:
man darf nicht falsch dran drehen!

Das Beben

Als ein Erdbeben
von einem auf den anderen Tag
eine Wüste verstädtete,
waren viele Menschen traurig,
daß bei ihnen alles ruhig war.

Der Affe

Eines Tages sah ein Affe
um sich nichts als kalten Kaffe.

Da machte er sich was vor
und wurde ein Tor.

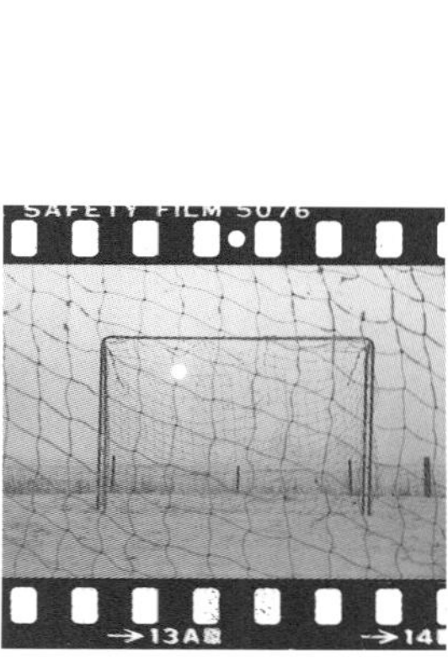

Die Hyäne und der Buntspecht

Eine Hyäne
bestellte sich bei einem Buntspecht
einmal eine rot-weiße Mähne.

Unglücklicherweise
war weder von Rot
noch von Weiß
genug Farbe da.

So reichte es für die Hyäne
nur zu einer rosa Strähne.

Betrübt schlicht sie davon.

Am nächsten Tag
war sie der Star der Saison.

Der Rhabarber und das Gemüse

„Jetzt hört doch mal auf mit eurem Gelaber!“
entrüstete sich einmal laut der Rhabarber
in einem Gemüsegarten.
„Ja, bitte?“ erwiderten indigniert die Tomaten.

Darauf der Rhabarber:
„Rhabarber, Rhabarber, Rhabarber,
Rhabarber, Rhabarber, Rhabarber!“

Das war für das Gemüse im ganzen Land
natürlich sehr interessant.

Der Olle Hansen und die Freiheit

Im Kopf nichts –
als einen Schnabel,
auf dem Buckel nichts –
als ein paar Federn,
vor sich nichts –
als Luft,
hinter sich nichts –
als Luft.

Über sich niemanden –
als den Himmel,
neben sich niemanden –
als den Zufall
und unter sich das Meer…

Hätte ich drei Wünsche frei,
ich wünschte mir
nichts,
niemanden
und
daß ich einmal
ein Vogel wär.

Der Schellfisch und der Heilbutt

Bei einem Schellfisch
ging mal die Klingel kaputt.
Da schwamm er zu einem Heilbutt.

5 Minuten später
war alles wieder gutt.

Der verliebte Regenwurm

Krank vor Sehnsucht
legte sich der Regenwurm
in die Sonne.

Während er langsam vertrocknete
und immer flacher wurde,
wünschte er sich,
seine Geliebte würde ihn so finden
und mitnehmen.

Als Gürtel.

Oder Lesezeichen.

(Natürlich ist sie dann gekommen
und hat ihn mitgenommen!)

Der vorlaute Regenwurm

„Die Welt
ist ein schöner
Misthaufen!"
krähte der Wurm.

– – –

Schon war er dahi.

(„Kikerikiii!!!")

Niemand kann uns sehen hier im Gras

*Niemand kann uns sehen
hier im Gras!
So
barfuß
bist du schöner
als zwei Helenas!*

*Leg dich ganz langsam
zu meinem aufgeregten Ich,
damit es nicht in die Luft geht
vor Freude
auf dich!*

*Niemand kann uns sehen
hier im Gras!
So
barfuß
bist du schöner
als zwei Helenas!*

Lieb nicht mich

Lieb nicht mich,
lieb nicht dich,
liebe auch die Dinge nicht.

Liebe, daß ich wirklich bin.
Fühle, daß ich Lieb gewinn.

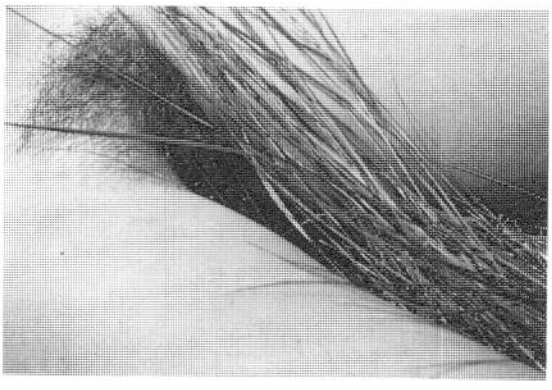

Ach, sei einfach!

Sei nicht nasser
als das Wasser!

Sei geheuer
wie kein Feuer!

Sei der Himmel
im Gewimmel!

Fühl die Erde
oder nicht!

Ach, sei einfach,
ein Gedicht!

Ich gucke aus dem Fenster

Ich gucke aus dem Fenster –
draußen ist noch da.
Ich summe eine Melodie
und fühle mich wunderbar.

Zum ersten Mal sehe ich,
wie alles ist.
Wie gut,
daß du doch noch gekommen bist.

Ich gucke aus dem Fenster –
draußen ist noch da.
Ich summe eine Melodie
und fühle mich wunderbar.

Anna weiß das!

Wenn das so rauscht im Wald,
dann sagen sich die Bäume Guten Tag!
oder feiern Geburtstag.

Wenn das so summt im Wald,
dann bringen die Bienen
ihren Honig nach Hause.

Wenn das so raschelt im Wald,
dann lassen die Blätter den Wind durch,
weil der noch ganz weit muß.

Wenn die Vögel so rufen,
dann wissen die Hasen,
daß der Fuchs kommt.

Wenn das so knackt im Wald,
dann weiß man nicht,
ob das ein Eichhörnchen ist
oder ein Kulleraffe.

Ben kann das!

War einmal ein Fußballspieler,
schoß einmal ganz doll.

Fiel auf seinen Hosenboden,
brummte wie ein Troll…

Plötzlich

Ich war es wohl,
der plötzlich ihre Hand losließ.
Seit langem war ich nicht mehr so für mich.
Ich spürte mein Wesen ohne eine Bedeutung:
Sie schien ratlos.

Sie hat kürzere Arme als ich.

Wir bewegen uns nicht im selben Takt,
es ist anstrengend, sich festzuhalten,
wenn man nicht gleich groß ist,
dachte ich.

Noch 7 Olle-Hansen-Gebote

Du sollst dich jeden Tag bekrabbeln!
Du sollst unterwegs zu Hause sein!
Du sollst dich lustig machen!

Du sollst deine Geschichte verdrehen!
Du sollst natürlich ein Künstler sein!
Du sollst besser sein als schneller!
Du sollst mit der Nase gucken!

Muß laufen, laufen, laufen ...!

Muß laufen, laufen, laufen,
weg und in mich rein.
Bin ich weit gekommen,
ist die Erde klein.

Muß fahren, fahren, fahren,
über alle Berge.
Sehe ich zur Seite,
stehen dort nur Zwerge.

Muß sägen, sägen, sägen,
eine Hütte bauen,
meine Zeit verbrauchen,
meinen Kräften trauen.

Muß laufen, laufen, laufen,
weg und in mich rein.
Kann ich nicht mehr laufen,
will ich nicht mehr sein.

Immer

Immer lockt ein Lachen,
grinst irgendwo
froh ein Po,
sendet eine kleine Brust
große Lust
und erregt,
was sich frei bewegt.

Immer kocht wo Wasser,
läuft die Nase,
fällt die Vase
um,
klingelt wer
und fehlt Geld
im Zelt.

Irgendwann
muß man gehen.

Anderswo
bleibt was stehen.

Das möchte-nicht-gerne Schwein

Es war einmal ein Schwein,
das wäre lieber ein Huhn gewesen,
oder ein Flamingo oder ein Pfau…

Und wenn schon eine Sau,
dann doch wenigstens gelb oder grün oder blau…

Und wenn schon rot und ein Schwein,
dann doch wenigstens nicht so groß,
sondern klein…

Wahrscheinlich,
so sagt man,
wahrscheinlich
sollte es nicht so sein!

Der Schmetterling, die Schildkröte, der Pfau und die Sau

„Dem Zarten gerät einfach alles zart“,
hauchte der Schmetterling apart. –

Die Schildkröte darauf in ihrer Art:
„Und der Harte ist einfach immer hart!“

„Der Feine dahingegen ist einfach fein“,
entfaltete dazu förmlich der Pfau. –

„Und dem Reinen, ihr Lieben, ist alles rein!“
grunzte aus dem Dreck wohlig die Sau.

Das Kuckucksei

Auf einem Baum
brütete einmal ein Gedanke.

Als er nach Tagen
sein Nest verließ,
um Nahrung aufzunehmen,
kam ein Kuckuck
und legte ihm
einen Wunsch ins Nest.

Gullivers Lied

Wär ich doch reich
und brauchte nicht viel,
liebte mich doch,
die mir grade gefiel!

Wär ich doch froh
und müßte nicht lachen,
wär ich doch mächtig
und ließ andre machen!

Wär ich doch weltberühmt
und unbekannt,
irrte ich doch umher
auf meinem Land!

Wüßt ich doch alles
und dächte nicht dran,
hätte ich doch alles
schon einmal getan!

Wär ich doch kerngesund
mit einer Narbe,
wäre doch alles hell
und ich die Farbe!

Versteckspiel-Gemurmel

Wo ist denn bloß der Ben?
Wo ist denn bloß der Ben?

Auf'm Sofa isser nicht,
Hinter'm Ofa isser nicht,
auf'm Flür gehter nicht,
vor der Tür stehter nicht!

Auf der Lampe sitzter nicht,
mit Schlampampe spritzter nicht,
hinter'm Tüll steckter nicht
und im Müll dreckter nicht!

Einfach weg, der Krümel,
so ein frecher Lümel!

Wo ist denn bloß die Anna?
Wo ist denn bloß die Anna?

Bei den Puppen isse nicht
und im Schuppen isse nicht.
In der Küche stecktse nicht
und den Tisch decktse nicht!

Auf'm Bett springtse nicht
und kein Lied singtse nicht,
keine Märchenplatte hörtse,
keinen von den Großen störtse!

Weg isse, weg!
Ach, du lieber Schreck!

Pappi, Pappi, bist du dumm!
Dreh dich doch nur einmal um!

Das Ruhekissen

Es war einmal
ein Ruhekissen,
das wollte nichts
von Ruhe wissen.

Es waren mal zwei Kanonen,
die wurden nicht mit sich fertig.

Befreit lupft das Kind den Hintern.
Stolz zeigt es in den Topf.

Befreit liest der Dichter sein Verschen.
Stolz wischt er sich den Kopf.

Beide stehen wie entrückt:
Jeder hat was ausgedrückt!

Der Kampf

Im gestrigen Spitzenkampf
rangen ein Trinker
und eine Flasche
um ihren Inhalt.

Die Entscheidung
fiel in der dritten Sekunde
durch Zuneigung.

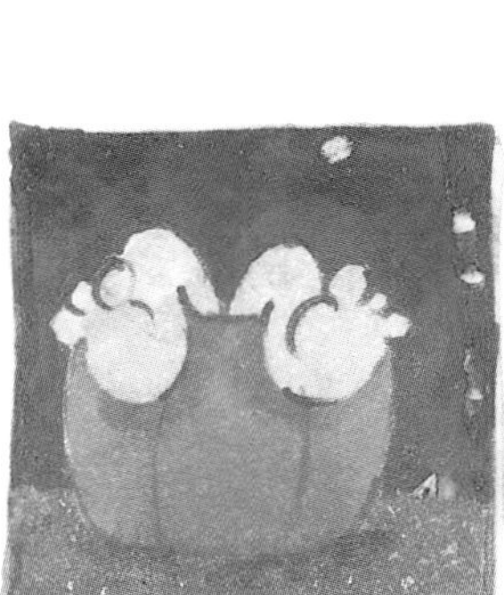

Der Olle Hansen und die Melancholie

Ich sitze in der Pampe,
Melancholie,
Du alte Schlampe.

Mir ist eine Laus
über die Seele gelaufen;
die würde ich gern'
höchstpersönlich ersaufen.

Ich weiß bloß nicht, wie,
Melancholie.

Ich sitze an einem Tümpel,
Melancholie,
mitten im Dreck.
Meine Gefühle sind ein Haufen Gerümpel.
Kitten und Kleben hat keinen Zweck;
der Wurm ist drin, das Zeug muß weg!

Ich weiß nur nicht, wie,
Melancholie.

Ich sitze auf einer Weide,
die nur noch einen Zweig hat,
Melancholie,
und leide.
Ich würde so gerne aufsteh'n
und geh'n
um wieder einmal jemand anderen
als Dich zu seh'n!

Ich weiß nur nicht, wie,
Melancholie.

Krieg und Frieden

Wenn du plötzlich hinter Gittern säßest,
und alles wär hin, auch der Mut,
wer ginge da wohl herum
mit deinem Bild
und einem Hut?

Wenn plötzlich Krieg wäre,
und alles wär knapp, auch der Sinn,
wer würde sich da wohl beeilen
mit dem Teilen?

Wenn es also um Leben ginge
und nicht um Zeit,
wer würde dir da wohl nützen wollen
und liefe weit?

Die Wanze

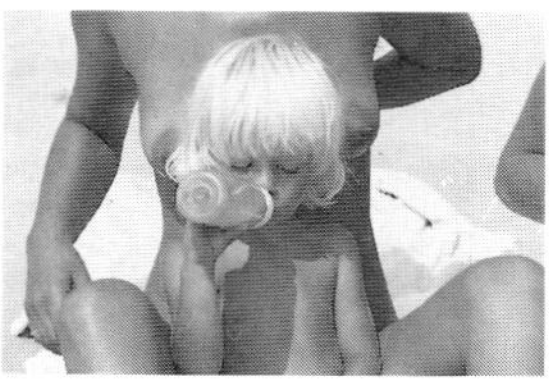

Es war einmal eine Wanze,
die wartete auf ihre Schanze.

Alleine am Meer

Du weißt,
ich war heute alleine am Meer.
Es war wie immer voll Wasser,
der Himmel war wie immer voll Wolken,
und der Strand
war wie immer voll Sand.
Nur ich
war ziemlich leer.

In einem zugigen Strandcafé
schlürfte ich lustlos einen heißen Tee
und schrieb in meiner Not
mit Sirup
deinen Namen auf mein Brot.

Als ich damit fertig war,
habe ich ihn leise gelesen.
Da ist es wie immer gewesen.

Der Otter und die Ötterin

Es war einmal ein Otter,
der hatte keinen Vater mehr
und keine Motter.

Da kam eine Ötterin daher,
die hatte auch keinen Vater
und keine Mötterin mehr. –

Sie sah den Otter an
und legte dann
seine Pfot
in ihre Hände. –

Da hatte die Not
der zwei
ein Ende.

Weißt du was?

Weißt du, was die Flöhe haben?
(Husten!)
Weißt du, wohin Ponys traben?
(Zum Frisör!)
Weißt du, wie die Bienen sind?
(Fleißig!)
Und wie heißt ein Hasenkind?
(Häschen!)

Weißt du, wen die Hunde beißen?
(Den Hans Wurst!)
Weißt du, wie die Frösche heißen?
(Frösche!)
Weißt du, wie die Fliegen fliegen?
(Durcheinander!)
Und worauf die Igel liegen?
(Auf der Erde!)

Weißt du, wen die Mücken stechen?
(Jeden!)
Weißt du, wie die Schnecken sprechen?
(Langsam!)
Weißt du, wie die Käfer krabbeln?
(Auf allen vieren!)
Und was nachts die Fische babbeln?
(Nichts!)

Weißt du, warum Kühe kauen?
(Darum!)
Weißt du, was Ameisen bauen?
(Einen Haufen!)
Weißt du, womit die Katzen schleckern?
(Mit Katzenzungen!)
Und warum die Ziegen meckern?
(Weil sie Ziegen sind!)

Weißt du, wovon Störche träumen?
(Von roten Strümpfen!)
Und wer schläft nachts unter Bäumen?
(Die Wurzeln!)
Weißt du, wie die Gänse laufen?
(Im Gänsemarsch!)
Und was sich die Schweine raufen?
(Ihre Borsten!)

Weißt du, was nicht blüht im Garten?
(Was verduftet ist!)
Weißt du, wie die Mäuschen warten?
(Mucksmäuschenstill!)
Rat, was jedes Kind versteht:
(Spaß!)
Und was immer weitergeht:
(Dieses Lied…!)

Pulver ist gut.

„Tut mir leid,
soll nicht wieder vorkommen“,
zischte die Guillotine.

„Her mit der Kohle!“
rief die Pistole.

„Will nicht, muß!“
platzte der Schuß
heraus
und Schluß.

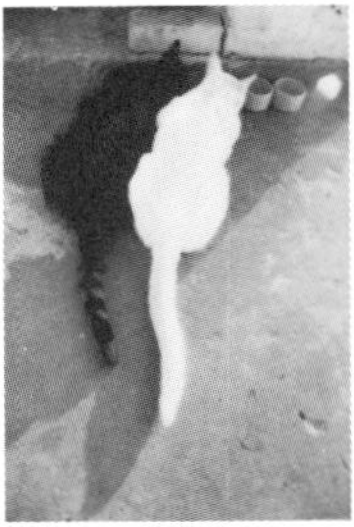

„Immer hängt alles an mir“,
brummte der Galgen.

„Dicke Luft!“
warnte der Strick.

„Ich kann kein Brot sehen!“
klagte das Messer.

„Sei nett…“,
bat das Stilett.

„Liebenswert,
so ein Platzkonzert!“
dröhnte die Bombe.

„Du bist es nicht wert“,
blitzte das Schwert.

„Gerad vom Feinde komm ich her“
stand auf dem Speer

und „Die Nacht ist nicht fern…“
auf dem Morgenstern.

Katz und aus

„Müssen wir denn immer kämpfen“,
fragte das Mäuschen die Katze,
„können wir nicht einmal nur spielen?“

„Was redest du, kleine Maus“, schnurrte darauf
die Katze, „wir spielen doch!“

Bin lieber ein Clown!

Spreche, damit keiner redet,
rede, damit keiner fragt,
lache, damit keiner lächelt.

Kann euch nicht vertraun,
bin lieber ein Clown!

Zeige, damit keiner findet,
werfe, damit keiner trifft,
spiele, damit keiner Ernst macht.

Kann euch nicht vertraun
bin lieber ein Clown!

Stell mich aufs Podium,
mach euch zum Publikum!
Mal mir ein Lachgesicht,
sieht man die Tränen nicht.

Krieg ich genug Applaus,
halt ich die Schmerzen aus. –
Wisch mir die Schminke ab,
mach vor dem Spiegel schlapp…

Grüßt mir die Alltagswelt
rings um mein Zirkuszelt!
Kann euch nicht vertraun,
bin lieber ein Clown!

Der Igel und der Spiegel

„Blöder Spiegel“
beschimpfte eines Morgens
der Igel seinen Spiegel.

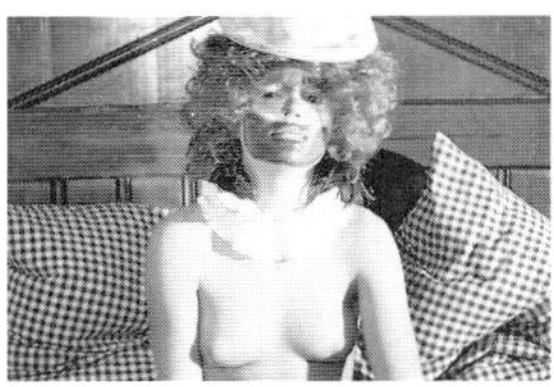

Darauf der Spiegel:

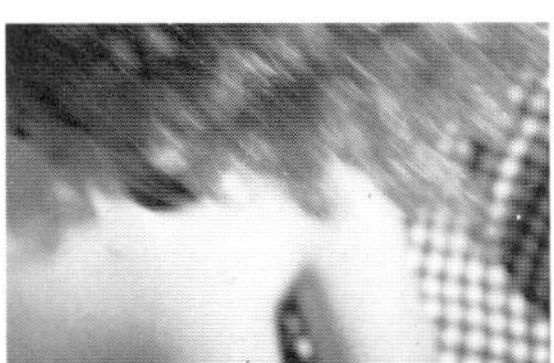

„Toller Igel!“

Die Raben

Es waren mal zwei Raben,
die versuchten,
so gut es ging,
sich gern zu haben,
denn sie glaubten an die Macht
der Liebe.

Gern haben sie sich heute noch immer.

Nur mit der Macht der Liebe
wird es von Tag zu Tag schlimmer.

Die Schnecken

Schnecken wollten sich nichts geben,
lieber leben, richtig leben.

Trennten sich so nicht viel später
für genau zehn Zentimeter.

Dann fand jede sich verlogen,
kroch zurück in hohem Bogen.

Wiedersehen,
süßer Schmerz.

Leidensweg glänzt noch
wie Herz.

Stiefel für Ben

Ich hab dir was mitgebracht,
Ben, mein ungeborener Sohn.
Gummistiefel, Größe 22, gelb.

Damit kannst du durch Matsche laufen,
bei Bauarbeitern rumstehen,
zur Bude gehen
und was kaufen
und Fußball spielen,
wenn es regnet
und der Boden tief ist.

Bei diesem Gedanken
habe ich sie dir auch gleich
etwas dreckig gemacht.
(Jungs mit neuen Sachen
werden nämlich ausgelacht,
und das möchte ich dir ersparen
in den Jahren,
in denen ich dir von Mann zu Mann
hier und da noch helfen kann.)

Dein erster Schuß mit rechts
gegen den großen Lederball –
ich habe ihn hinter dem Haus liegen sehen
und konnte nicht widerstehen –
war übrigens nicht schlecht;
kraftvoll getreten,
aber mit Gefühl und Blick für die Nebenleute…
Weiter so, mein Sohn,
dann wird das schon!

Wenn es dir recht ist,
stell ich das Paar jetzt
zu den andern Stiefeln
unter die Garderobe.
Gewissermaßen zur Probe…

Ich hab dir was mitgebracht,
Anna, meine ungeborene Tochter.
Gummistiefel, Größe 22, gelb.
Du kannst dir gar nicht vorstellen,
wie stolz ich bin,
daß ich mit einer so talentierten
Fußballamazone
zusammen wohne!

Ich hab mir was mitgebracht,
mir, einem längst geborenen Sohn.
Gummistiefel, Größe 22, gelb.
Weil ich mich ganz still
an den Gedanken gewöhnen will,
daß ich Vater werde.

Ich, ein bißchen Erde.

Indessen

In der Mittagssonne
schienen die Gräser an der Straße
heute weicher,
stolzer und fröhlicher.

So gräsern, dachte ich,
und daß das Land nicht oft so leuchtete
und dies ein Licht sei
und ein Fleck Erde
und ein Augenblick…

Indessen
war mein Wagen weitergefahren,
gerade so,
als wüßte er, warum.

Dein Glück

Zum Rückenwind? –
Immer geradeaus!

In die Sonne? –
Immer um die Schatten rum!

Entweder du hast Glück,
oder du hast kein Glück.

Hast du Glück – gut.
Hast du kein Glück – auch gut.

Hast du eben Pech gehabt.
War vielleicht dein Glück.

Das holländische Telefon

Rosa, die ich gut kannte und die ein Fotomodell war, telefonierte für ihr Leben gern. Deshalb konnte man nur mit ihr arbeiten, wenn ein Telefon in der Nähe war, damit sie es sofort greifen konnte, wenn es sie überkam oder umgekehrt.

Diese Leidenschaft zu ihren immer entfernten Partnern sollte ihr zum Verhängnis werden, als sie eines Abends mit ihrem Freund in Amsterdam sprach.

„Ich kriech jetzt in den Hörer und krabbel zu dir, du…" waren ihre letzten Worte außerhalb der Leitung.

„Wieso letzte Worte und wieso Verhängnis?"

„Sie hat es getan."

„Was getan?"

„Sie ist reingekrabbelt in die Leitung
Düsseldorf – Amsterdam!"

„Und?"

„Sie ist nie angekommen in Amsterdam."

„Warum nicht?"

„Er war nicht alleine in Amsterdam. Und er hat sie
kommen hören. Da hat er aufgelegt.
Ungefähr als sie in Emden war."

„Mein Gott!
Und warum konnte sie nicht mehr zurück?"

„Wenn einer auflegt, wird der Draht kalt
und zieht sich zusammen.
Da kommt keiner mehr durch."

„Furchtbar.
Wie konnte sie sich auch nur so klein machen?"

Der Olle Hansen und seine Lust auf heißen Kaffee

Von Dir
mit Deinen runden Messinghüften,
von Dir
mit Deiner feuchten, kleinen Schnauze,
von Dir
mit Deinen aufreizenden Düften,
von Dir
brauch ich es jeden Tag
um vier.

Du gibst es mir:

Strömende Wärme
und ein Kribbeln bis in den großen Zeh.

Du tust mir gut
und deshalb bleibe ich Dir treu,
*Madame chaudière du Café.**

**Frau Kaffeekessel*

Eiertanz

*Wenn sie aufwacht,
versuche ich, sie gut zu stimmen.
Wenn sie schlafen geht,
male ich ihr helle Bilder von allen Tagen.
Wenn sie viel zu tun hat,
erzähle ich ihr von später.
Wenn sie nichts zu tun weiß,
schlage ich ihr Neues vor.*

*Sie ist ein kleines gelbes Blechhuhn,
daß abwechselnd pickt und die Flügel hängen läßt,
und ich bin ein großer weißer Blechhahn,
der um das Huhn herumläuft und kräht,
und beide kommen wir nicht an den Schlüssel,
mit dem wir aufgezogen wurden,
um so füreinander zu sorgen.*

Was hab' ich falsch gemacht?

„Früher war ich arm und frei.
Da war nichts dabei.

Dann hab' ich Armer früh gefreit.
Jetzt ist's soweit:

Ich krieg' die Arme nicht mehr frei
und werd' nicht einmal reich dabei!

Was hab' ich falsch gemacht?"

Der Herr:
„Nichts, ich habe sehr gelacht!"

Das Haus am Meer

Wenn meine Füße den Strand entlang gehen,
kommt es vor,
daß meine Augen Bilder sehen.

Sie sehen ungefähr da, wo sie rund wird, die Erde,
ein Haus,
in dem ich einmal leben werde.

Bei Regen sehen sie mich am Fenster
dieses Hauses sitzen
und komische Männchen in eine Tischplatte ritzen.

An hellen Tagen
sehen sie die einzige Tür auf- und zugehen
und allerlei Volk in der niedrigen Küche stehen.

Und abends sehen sie ein schlechtes Buch
und eine Dose Bier
und meinen Hintern unter einer warmen Decke
und Windstärke zehn mit elf Wolken
gleich um die Ecke.

Und dann sehen sie mich eines blauen Mittags
mit einer, die lacht,
in den Strandhafer laufen…

…und am Morgen darauf
das kleine Haus am Meer verkaufen.

Dann merke ich auf einmal,
daß meine Augen keine Bilder mehr sehen
und nur meine Füße noch weitergehen.

Immer weiter

Es war mal eine Liebe,
die kam beim Gehen
und ging, wie sie gekommen war.

Wer ich bin

Wer ich bin?

Eine Tochter,
eine Schwester,
eine Mutter,
eine Frau.

Eine aus der Klasse,
eine aus der Straße.

Eine, die Frühstück macht
und Abendbrot
und langsam anfängt,
das zu begreifen.

Was ich will

Scheiß machen,
Bank überfallen,
Geld haben,
Leute verarschen,
rumklüngeln,
Männer abblitzen lassen,
Roulette spielen,
an der See sein,
Kaffee trinken,
Zeitung lesen,
einkaufen,
keine Probleme.

Außer mit der Sonnencreme.

Etwas ist zu Ende

Plötzlich hören Augen auf, zu träumen,
und nehmen war.
Plötzlich sitzen Hintern nicht mehr unter Bäumen,
sondern an der Bar.
Plötzlich streichen Hände nicht mehr über Haare,
nur noch über Ware.

Wo vorher viele Fragen waren,
sind jetzt vier eigene Wände.
Köpfe denken, daß sie es geschafft haben.
Sie haben recht.
Etwas ist zu Ende…

Der Efeu

„Oho!“ dachte sich der Efeu,
das ist mal ein schöner, kräftiger Baum,
da kletter ich rauf!“ –

Oben angelangt schaute er sich um.
„Komisch“, murmelte er nach einer Weile,
„ich hätte schwören können,
daß hier ein Baum stand!“

Das Zwiebel-Lied

Großer Tisch und große Leute.
Tanten wissen was von heute.
Warme Milch und Vater, Mutter.
Milch wird langsam kalte Butter.

„Trink das aus!"
„Nein, ich will raus! Ich will raus!"
„Du trinkst das aus!"

Da hab' ich mich halt getraut
und das ganze Fest versaut.
Dafür hat es dann geknallt wie im Wald.

Irgendwie hab ich gespürt,
wohin so ein Leben führt.
Und ich hab' dir nachgeschaut,
erste Haut…!

Pudelmütze, das gefällt! –
Ich seh' aus – wie bestellt.
Straßen haben rote Ohren –
nur nicht ich, Hochwohlgeboren!

„Zieh das an!"
„Oh Mannomann! Mannomann!"
„Du ziehst das an!"

Da hab' ich das Ding verloren
und bekam die roten Ohren.
Nur nicht kalte,
sondern warme von dem Arme…

Damals habe ich gedacht:
Komisch, daß nie einer lacht.
Und dann hab' ich weggeschaut,
zweite Haut…

Hände falten, Klappe halten,
Kopf einschalten, Zahl behalten!
Merkt euch nur den einen Satz:
„Lieber in der Hand den Spatz…!"

> *„Sag das nach!"*
> *„Ich will aufs Dach, will die Taube!"*
> *„Mach kein' Krach!"*

Ich hab' wirklich nichts kapiert.
Ich hab' vor mich hingeschmiert:
„Ich bleib sitzen."
So egal war die Qual. –

Ich hab' nicht mehr hingeschaut.
Sie war weg, die dritte Haut! –
Und ich stahl mich zu dem hin,
der ich heute bin.

Nachsatz:

> *So hat jeder seine Beulen.*
> *Nackte Zwiebeln sind zum Heulen.*
> *Darum ist ein Hut*
> *oft gut.*

Kokosnuß!

Kokosnuß,
Kokosnuß,
kann dich nicht erschlagen!

Fänd es um dich schade,
jammer-jammerschade!

Esse lieber,
esse lieber
ein Stück Schokolade!

Melonenmann!

Melonenmann,
Melonenmann,
leuchte arme Kinder an!

Melonenmann
mit Kerze drin,
Sag mir,
ob ich auch eins bin!

Du lachst so aus Freude!

Du lachst so aus Freude,
so von innen,
so von Sinnen!

So, als fändest du wirklich komisch,
was passiert.

Das ist schön
und gehört zu den Sachen,
die mich froh und rebellisch machen.

Ein Haufen Talente

Ein Haufen Talente
und doch eine Ente.

Sehnsucht zum Platzen
und doch nur Fratzen.

Die Liebe so groß,
aber Macht los. –

Eine Hand gibt,
die andere nimmt.

Der Kopf guckt zu
und denkt:

Nichts stimmt.

Nur
die Uhr.

Der Tag wird kommen…!

Der Tag wird kommen,
da wirst du dein letztes Haar
mit der gewohnten Sorgfalt
über deine Stirne legen.

Dann wirst du dich
mit einem Stoßgebet um günstigen Wind
mit dem Rücken nach vorn
auf die Straße bewegen!

Doch – der Wind ist dagegen!
Er erkennt deine Finten
und schiebt mit seiner Tatze
dein Haar nach hinten…
…und die ganze Welt sieht es:
du hast Glatze!

Während die Kinder der Stadt
dich schreiend umringen,
wirst du dich entschließen,
dich und dein letztes Haar
noch am selben Tage
zu erschießen!

Wenn's mir gutgeht
und der richtige Wind weht
machen Lieder alles
mit meinem Dalles.

Bei den tiefen Tönen
tröten Kröten
durch steinerne Flöten.
Bei den hohen, leisen
sehe ich Schneeflocken
hochzeitsreisen.
Geigen zeigen mir
Schwestern aus Wien,
die sich vor einem Fremden verneigen
und unverstanden
weiterzieh'n.

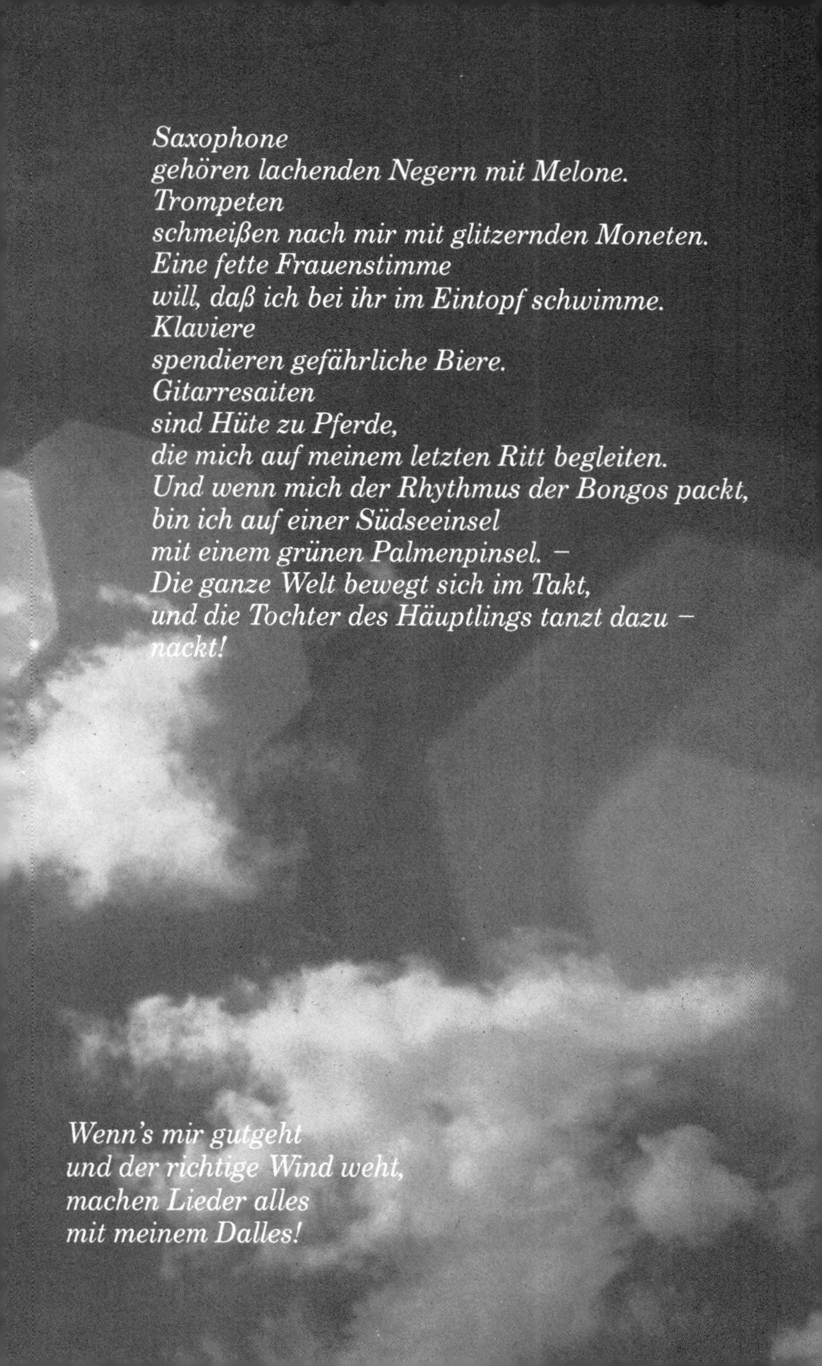

Saxophone
gehören lachenden Negern mit Melone.
Trompeten
schmeißen nach mir mit glitzernden Moneten.
Eine fette Frauenstimme
will, daß ich bei ihr im Eintopf schwimme.
Klaviere
spendieren gefährliche Biere.
Gitarresaiten
sind Hüte zu Pferde,
die mich auf meinem letzten Ritt begleiten.
Und wenn mich der Rhythmus der Bongos packt,
bin ich auf einer Südseeinsel
mit einem grünen Palmenpinsel. –
Die ganze Welt bewegt sich im Takt,
und die Tochter des Häuptlings tanzt dazu –
nackt!

Wenn's mir gutgeht
und der richtige Wind weht,
machen Lieder alles
mit meinem Dalles!

Der englische Bleistift

Peter hatte
im Rahmen eines Wochenendtrips nach England,
you know,
einen Bleistift erworben,
auf dem London stand
und der rundherum sehr poppig
mit der englischen Flagge bedruckt war.

Wieder zu Hause,
back again sozusagen,
hatte Peter ihn zu den anderen Bleistiften gestellt,
die er auf seinem Schreibtisch
kopfüber in einem alten Zinnbecher,
den er zur Konfirmation
von seiner Patentante geschenkt bekommen hatte,
zu versammeln
und zu seiner Verfügung zu halten pflegte –
excuse me –
was ich sagen wollte:
eines Tages bemerkte Peter:
dieser Stift aus London –
er schrieb deutsch!

Der Prediger

Es war einmal ein Prediger
in einer Wüste,
von dem sagten die Leute,
daß er alles wüßte.

Nur einmal,
da hätte er gemußt
und nicht, wohin, gewußt…

Komma … … vorbei!

Ich wüßte, was ich wär!

Hätt ich ein Haus am Meer,
ich wüßte, was ich wär.
Ich wär Gärtnerin
und hätte einen Garten.
Darin würde ich mit Tieren spielen
und auf meine Schwester warten.

Hätt ich ein Haus am Meer,
ich wüßte, was ich wär.
Ich wär Töpferin und machte Töpfe,
aber auch Spielzeug und komische Köpfe.
Davon könnte ich soeben
leben.

Hätt ich ein Haus am Meer,
ich wüßte, was ich wär.
Ich wäre Freundin
und hätte einen Freund,
der mich braucht. –
Aber dich hätt ich auch!
Du kämst mich ab und zu besuchen,
ich machte Kaffee,
du holtest Kuchen,
ich wär so froh,
dich wiederzusehen,
es wäre wie früher,
du würdest verstehn…

Hab du deshalb kein Haus am Meer,
sonst bin ich nie,
was ich sonst wär!

Wie bitte?

„Käm ich aus der Ferne,
wärst du eine Krähe,
hätt' ich dich vielleicht
gern in meiner Nähe.

Lägst du in der Nähe
und kämst aus der Ferne,
wär ich deine Krähe
und du hätt'st mich gerne,
wohin ich auch geh",

sprach zum Haus der Schornstein
und sah zur Chaussee.

Der Olle Hansen und die Sehnsucht

Morgen, Schlapphut,
geht's uns gut.

Wir werden durch Erika latschen und schwitzen
und über Mücken und Fliegen fluchen,
die auf uns sitzen.
Der Grassamen wird uns in den Socken jucken.
Wir werden uns zwischen zwei Fichten
zum 100sten Mal zu spät ducken
und mit einer Maske aus Spinnenspucke
vor den Augen weiterstapfen
über die Zapfen
vom vergangenen Jahr,
wo alles genauso war.

Morgen, Schlapphut,
geht's uns gut.
Wir werden den Wald hinter uns abschließen
und unter den größeren Buchen
im feuchten Laub
nach Eckern suchen
und an unseren alten Stellen nach Pilzen.

Wir werden Blaubeerfelder filzen
und Brombeerhecken,
und keine Stöckchen
in lebendige Haufen stecken
und schadenfroh lachen,
wenn 13 Millionen
Ameisen
nicht mehr wissen, wo sie wohnen.

Morgen, Schlapphut,
geht's uns gut.
Wir werden zwei Hasen beim Mundraub stören,
und ein Konzert für Specht und Larve hören.
Wir werden 3 bis 4 Wegweiser verdrehn
und, wenn es dunkel wird und kühler,
zu unser'm alten Hochsitz geh'n.
Das Zirpengesindel wird anfangen zu geigen,
wenn wir ihn besteigen.

Wir werden ein „O. H." in das Sitzbrett ritzen
und auf einmal
sehr viel Land besitzen.

Morgen, Schlapphut,
geht's uns gut.

Das Schwarze Schaf

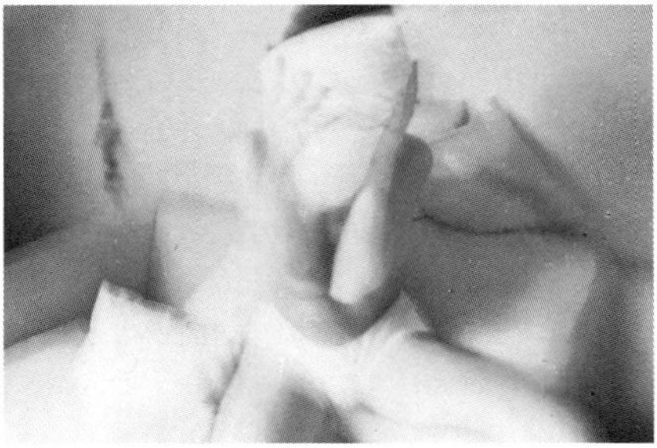

Es war einmal ein schwarzes Schaf,
das wollte sich sehen.

Sein Spiegelbild jedoch
ahnte den Zweck
und guckte weg.

Der Räuber und die Liebesperle

Mitten im Wald
lag eine große, rote Liebesperle.
Der vernaschte Räuber
traute seinen Augen nicht,
und die Liebesperle
lag nicht im Wald.

Hätte der Räuber geglaubt,
was er sah,
hätte er sich vielleicht
ein Bein ausgefreut.

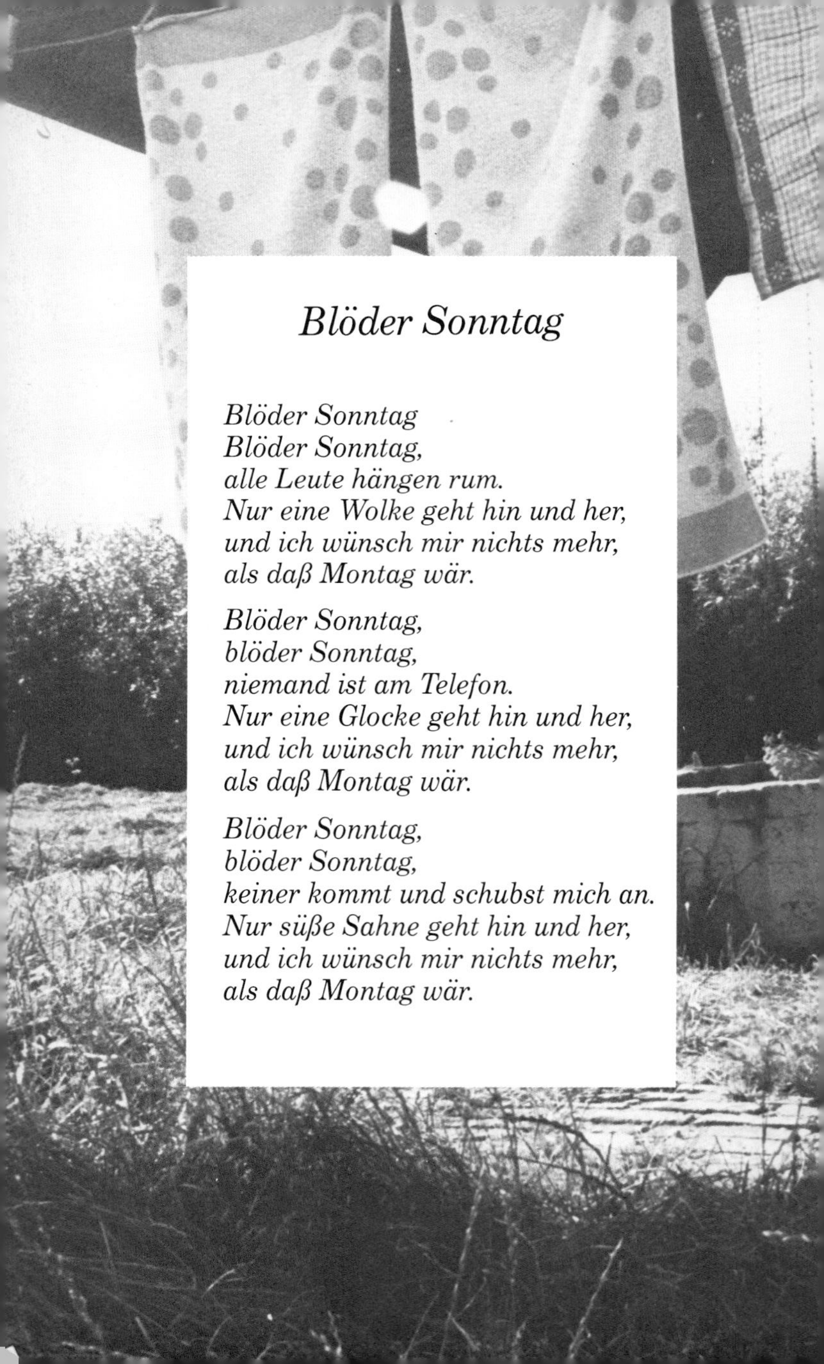

Blöder Sonntag

Blöder Sonntag
Blöder Sonntag,
alle Leute hängen rum.
Nur eine Wolke geht hin und her,
und ich wünsch mir nichts mehr,
als daß Montag wär.

Blöder Sonntag,
blöder Sonntag,
niemand ist am Telefon.
Nur eine Glocke geht hin und her,
und ich wünsch mir nichts mehr,
als daß Montag wär.

Blöder Sonntag,
blöder Sonntag,
keiner kommt und schubst mich an.
Nur süße Sahne geht hin und her,
und ich wünsch mir nichts mehr,
als daß Montag wär.

Das „Kuck-mal-eine-Kiste!"-Lied

„Wo kommt die her, die Kiste?"
„Wenn ich das mal wüßte!"

„Was steht denn auf der drauf?"
„Sauf, mein Junge, sauf!"

„Und was war da drin?"
„Flaschen, denk ich mir,
und in den Flaschen Bier!"

„Und warum sind die weg?"
„Sie flogen wohl von Deck!"

„Können Flaschen fliegen?"
„Ja, zwischen Stehn und Liegen…"

„Was?!?"

„Paß auf, vielleicht war's so:

Ein Seeräuber, der hatte Durst.
Da sah er diese Kiste hier
und trank das ganze, gute Bier.
Dann fiel er um und schlief,
und das Schiff fuhr schief.
Und die Kiste mit dem Bier
fiel ins Meer und ist jetzt hier!"

„Und der Räuber, fiel der auch ...?"

„Der hatte doch das Bier im Bauch!
Der war dazu zu schwer!
Der fiel nicht mit ins Meer!"

„Und sucht der jetzt die Kiste?"
„Wenn ich das mal wüßte ...!"

Vögel haben Flügel

Vögel haben Flügel.
Vögel können fliegen.
Wenn ein Vogel fliegen will,
kann man ihn nicht kriegen!

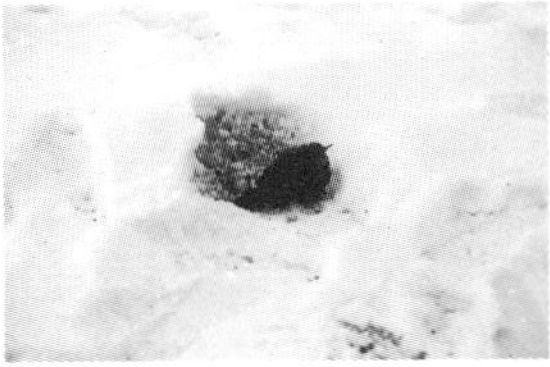

Verzeih, mein Freund,
es war die Stunde,
und ich war wild
auf alles Runde.

Ich hätte jeden Speck gefressen
und wie gefressen, so vergessen,
als sie hereingeflattert kam
und mich in ihre Flügel nahm.

Sie kam mir gleich so viel zu nah,
daß ich in ihr nicht mehr dein Täubchen sah.

Und dann hat sie sich einfach in mein Nest gesetzt
und ihren Schnabel an mir blankgewetzt!

Vergiß, mein Freund,
und denk dir weiter nichts dabei!
Von allen Vögeln,
die ich kenne,
war sie das größte Kuckucksei!

Vögel haben Flügel.
Vögel können fliegen.
Wenn ein Vogel fliegen will,
kann man ihn nicht kriegen!

Der Regentropfen

Es war einmal
ein Regentropfen,
der wollte nur mal eben
an die Scheibe klopfen. –

Er tropfte,
es klopfte –
Bumm!
fiel das Häuschen um.

Der verliebte Wasserhahn

Einen Wasserhahn
packte einmal der Liebeswahn,
und er beschloß,
ein Perlhuhn zu wässern.

Das Perlhuhn
wollte seine Perlen
jedoch nicht vor einen Wasserhahn werfen
und drehte dem Wasserhahn
einfach den Hahn zu.

Da fragte der verliebte Wasserhahn
betreten die Brause:
„So,
und was mach ich nu?“

Der Wind und die Mundharmonika

Einmal hat der Wind
in eine Mundharmonika geblasen,
die vorher einem Hering gehörte.

Wißt ihr, was ihn störte?

Die Küchenschabe und die Einbauküchenschabe

Eine Küchenschabe vom Land
besuchte mal eine Einbauküchenschabe
in der Stadt.
„Ist das nicht toll,
was man bei uns so alles hat?"
fragte die Einbauküchenschabe
die Küchenschabe munter.

Da fiel auf beide ein Einbau runter.

„Ja, wirklich", antwortete da die Küchenschabe,
„ich bin platt!"

Die Fabel aus Hansens Haus von der Würde

Der würde gerne mal,
wenn sie ihn ließe.

Der Olle Hansen und die Stunde nach dem Essen

Nach dem Abendbrot
sitze ich gerne in meinem alten Sessel
im Moor.

Dort hole ich genüßlich
hinter meinen Weisheitszähnen
den Schinken der letzten Schnitte hervor.

Ich schließe die Augen,
kaue
und verdaue.

Auf einmal höre ich,
wie sich in meines Sessels Sprungfedermagen
zwei weiße Mäuse um eine brünette schlagen.
Ich höre ein paar alte Flöhe husten.
Aber auch einen jungen – sicherlich Grippe.
Ich entdecke im Plüsch ein Assel-Gerippe –
wahrscheinlich Mord in Tateinheit mit Flucht –
und sehe dahinter eine ganze Zucht
halbstarker Wanzen,
wie sie auf den Flohwalzer ihrer Mitmieter,
wohl um sie zu schockieren,
sehr asynchron einen Labamba tanzen.
Die Platte ist kaum zu Ende,
da wollen die Erdbienen mit mir
über die neuen Löhne sprechen;
doch es ist schon fast acht,
und ich muß unterbrechen,
um, wie vereinbart,
mit drei strahlenden Glühwürmern
zu einem befreundeten Regenwurm zu gehen
und dort den neuesten Streifen zu sehen;
das Stück spielt unter dem Sessel,
hinter den Fransen
und heißt:

Die unglaublichen Spinnereien
des Barons von Hansen.

Gutes Rat für ewiges Freundschaft

Du nehmen Tisch als Freund
mit drumherum!
Tisch alles wissen –
du nix mehr dumm!

Du nehmen Baum als Freund,
wenn Weg mal krumm!
Baum bleiben stehen,
Du kommen rum!

Du nehmen Licht als Freund!
Wissen, warum?
Licht fallen überall
hin und nie um!

Ich Poesie

Ist nichts,
wie's ist.
Ist, wie du's siehst.
Liebst du, was ist,
kann sein, du siehst
überall wie
ich Poesie.

Das arme Schwein und die blöden Hunde

Einmal fiel ein armes Schwein
auf einen saudummen Trick herein.

Ein blöder Hund bellte ganz laut: „Schmetterling!"
und es, das arme Schwein, drehte sich natürlich um.

Da hat die ganze Meute sich halbtot gelacht.
Das hat dem armen Schwein viel ausgemacht…

Der Klatschmohn

Einmal hatte ein Klatschmohn
zuviel weiterzusagen.

Da hat eine Kornblume
ihn zuerst grün
und dann blau geschlagen.

Dabei verlor der Klatschmohn
alle seine Blüten,
d. h. seine Blütenblätter.

Von Stund an wußte er sich
vor Klatsch zu hüten,
und alle fanden ihn gleich viel netter.

Die neue Welt

In der Nacht,
der langen Pause,
träume ich von ihr
und bause,
die neue Welt,
ich Held.

Am nächsten Morgen
bin ich froh.
Sie ist zwar nicht so,
aber einigermaßen. –
Man kann sie
so lassen.

Meldungen vom Tage

Im Duisburger Zoo kam gestern ein
gesundes 7pfündiges Wärter-Männchen
zur Welt.

In Flagranti ist der Teufel los.

In Tim haben alle Beteiligten Sprechverbot.
Ihr Sprecher äußerte hierzu nichts.

In Dustrie wird seit heute morgen
wieder gearbeitet.

In Tolerant wird auch diese Schreibweise
nun nicht mehr geduldet.

In Kiel wurden heute Mittag drei
grüne Heringe wegen Matjesbeleidigung in die
Pfanne gehauen.

In Mülheim a. d. Ruhr wurde gestern
zwei Fliegenklatschen die Lizenz
auf Lebenszeit entzogen.
Sie hatten eine Fliege auf untierische
Weise zwischen sich eingeklemmt und
verhungern lassen.

Es sieht ein Ding der Dalles
und ahnt darin alles.
Das Ding ist Teil des Ganzen
und groß.
Der Kopf ist klein dagegen
und denkt sich alles bloß.

Küchenlied

Du warst zu friedlich, mich zu binden.
Ich ging nicht weit, um dich zu finden.
Du denkst zu viel, um zu vergessen,
ich hab' zu oft bei dir gegessen.

> *Du liebst mich, als wär' ich dein Mann,*
> *Ich lieb' dich, wie ich eben kann.*

Du warst schon morgens schön für mich,
ich sah dich an und sah es nicht.
Du hast dich klar für mich entschieden,
ich hab ein Ja immer vermieden.

Du hörtest zu, wenn ich erzählte,
ich fragte nie, ob dich was quälte.
Du dachtest immer erst an mich,
ich tat auch mal etwas für dich.

> *Du liebst mich, als wär' ich dein Mann,*
> *ich lieb' dich, wie ich eben kann.*

Du weiß nicht, daß du selten bist,
ich bin ein Kerl, der alles frißt.
Du solltest mehr von mir verlangen,
ich würd' dir gerne Frösche fangen…

> *Du liebst mich, als wär' ich dein Mann,*
> *ich lieb' dich, wie ich eben kann.*

Es waren mal zwei Algen, die waren sich grün

Es war einmal ein Trauerkloß,
der war nicht traurig,
der trauerte bloß.

Es war einmal ein astreiner Baum,
der stolperte natürlich über ein Zweiglein.

Es war einmal ein Buch,
das überdachte seinen Besuch.

Es war einmal ein Frosch,
der stand auf Libellen
und saß auf Diät.

Es war einmal ein oller Pott,
der träumte nachts vom lieben Gott.

Es war einmal ein Mondsgesicht,
das hatte Langeweile
und merkte es nicht.

Es war einmal ein alter Hut,
der hatte die Pest,
sonst ging es ihm gut.

Es waren mal zwei Fettaugen,
die konnten nicht hingucken.

Das Nichts

Es war mal jemand,
den machte irgendwann,
irgendwo
nichts froh.

Der olle Hansen und sein Nachhauseweg

Du bist kein Weg wie andere
nach einem Regenguß.

Das Wasser steht Dir kragenhoch
in allen Rinnen.
Darin schneiden die Wolken schnell
hinter Lehm- und Unkrautzinnen
noch ein paar Fratzen,
bevor sie zerplatzen.
Bei jedem Schritt
muß ich um mein Gewebtes bangen.
Die Müller, die früher das Wandern besangen,
sind ganz bestimmt andere Wege gegangen.

Du bist kein Weg wie andere,
wenn Dich das Vieh benutzt.

Das, was die Kühe Dir von hinten gaben
glänzt jetzt in vielen seltenen Farben.
Darüber liegt etwas,
das nennt man sicher nicht Geruch.
Ich weiß nicht, ob Mistkäfer schon
an Kalorienmangel starben;
Wenn ja – hier wäre für den Rest genug.

Du bist kein Weg wie andere,
Du hergelaufene Furche,

wenn ich jedoch durch Deine Pfützen geh'
und um mich das verdaute Grünzeug seh'
klatscht in mir – weiß der Kuckuck was –
grinsend in beide Hände;
denn etwas, das ist schön an Dir:

Du nimmst ein gutes Ende.

Endlich!

Wohl zum vierten (oder fünften?) Mal
war das neue Hausschwein
vom Ollen Hansen auf Seite 7
an genau derselben Stelle
eingeschlafen.
Der Olle Hansen, der das stets
mit angesehen hatte, sah nun
in Gedanken Tausende
und Abertausende dieser Lektüre
als Beruhigungsmittel
über die Ladentheke gehen.
Endlich!
Endlich wieder ein Bestseller!

Ich bin so gern am Meer

Ich bin so gern am Meer.
Ich geh so gern daher.

Ich sammel da so gerne was.
Das tu ich in ein Einmachglas.

Das nehm ich mit nach Haus
und pack das wieder aus.

Alle Fische

Alle Fische schwimmen jetzt nach Amerika!
Was machen sie da?
Sie gucken sich an und wünschen sich Glück
und schwimmen ganz schnell wieder zurück!

Alle Fische schwimmen jetzt nach Afrika!
Was machen sie da?
Sie schnappen nach Luft und machen sich naß
und schwimmen nach Hause und hatten Spaß!

Alle Fische schwimmen jetzt nach Sansibar!
Was machen sie da?
Sie gehen an Land und rubbeln sich warm
und nehmen sich liebevoll in ihren Arm.

Ruhe!

Soeben ist Ruhe eingekehrt.
„Guten Tag, Ruhe!
Schön, daß du da bist!
Setz dich! –
Wir haben uns ja eine Ewigkeit
nicht mehr gesehen!
Wo warst du denn so lange?
Brauchtest mal Ruhe, was?!?
Hahaha!
Hahahahahahahaha!
Hey!
Wo gehst du denn hin??
Ruhe!
Ru-he!!!
Komm sofort zurück!!!!“

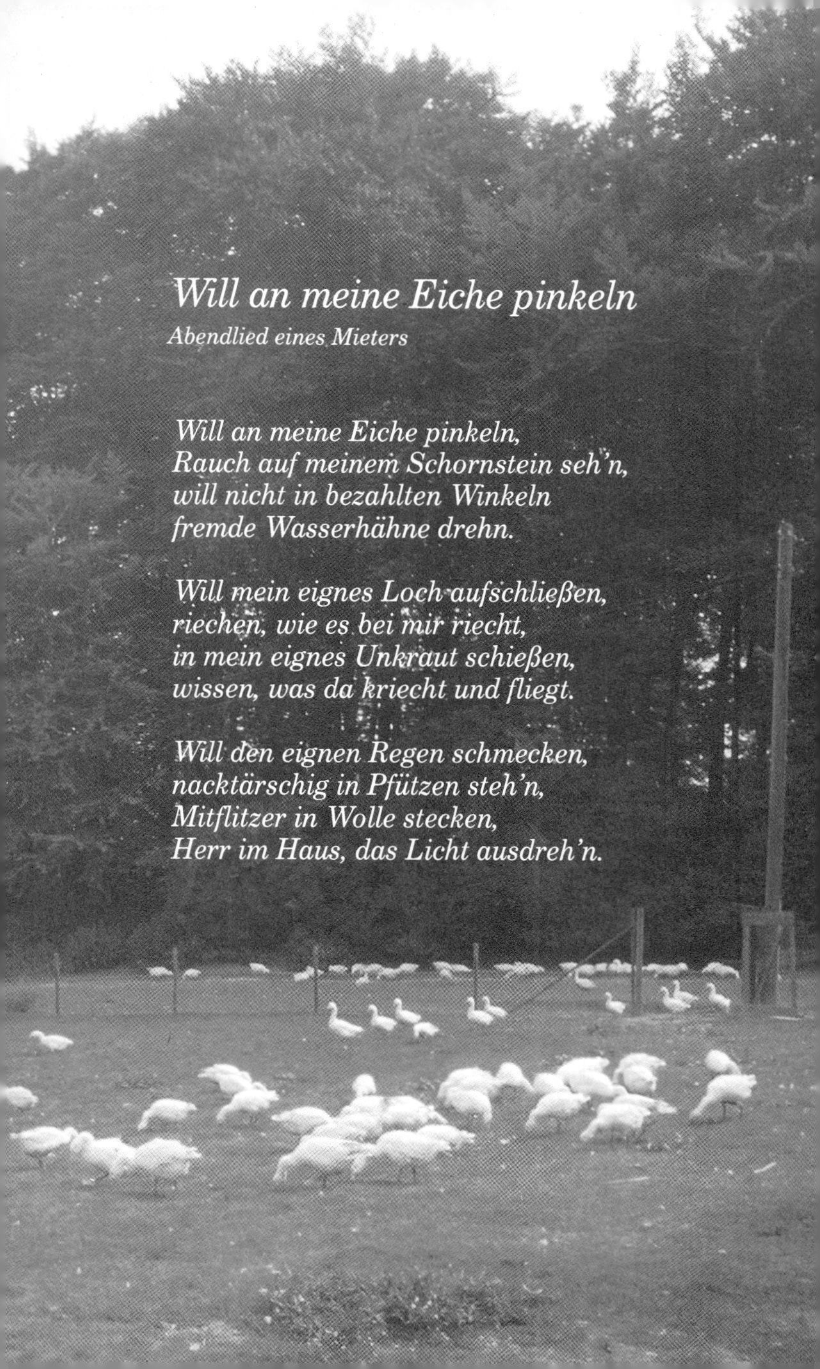

Will an meine Eiche pinkeln

Abendlied eines Mieters

Will an meine Eiche pinkeln,
Rauch auf meinem Schornstein seh'n,
will nicht in bezahlten Winkeln
fremde Wasserhähne drehn.

Will mein eignes Loch aufschließen,
riechen, wie es bei mir riecht,
in mein eignes Unkraut schießen,
wissen, was da kriecht und fliegt.

Will den eignen Regen schmecken,
nacktärschig in Pfützen steh'n,
Mitflitzer in Wolle stecken,
Herr im Haus, das Licht ausdreh'n.

Die Stinkmorchel und der Steinpilz

Eine Stinkmorchel war mal blank.
Also ging sie zu einem Steinpilz
auf die Bank, um sich was zu pumpen.
Der Steinpilz jedoch blieb hart:
„Keinen Pfifferling bekommt ihr von mir,
ihr Lumpen,
ich kenne eure Art!“

So mittellos
ging die Stinkmorchel ein.

Für ihre Sporen
gab es nur Erkenntnis
zu erben:
„Wer riecht,
muß früher sterben.“

Der Zitronenfalter und die Apfelsine

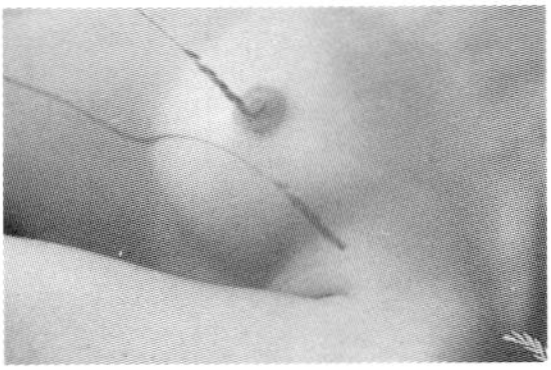

Eines Tages wurde einem Zitronenfalter
das Falten der sauren Zitronen zuviel.

Er flog zu einer süßen Apfelsine
und versuchte, sie zu falten.

Zu seinem Pech
erwischte er eine von den alten.

Da saß er nun auf seiner süßen Apfelsine
und machte eine saure Miene.

Wer einmal so alleine war…

Ich brauche keine anderen,
ich komm allein zurecht.

Zurecht, zurecht,
zu welchem Recht?
Ich weiß von keinem Recht!
Wer einmal so alleine war
und fühlte sich nur schwer,
der kämpft nicht mehr.

Ich kämpfe nicht mit anderen,
sie steh'n mir nicht im Weg.

Im Weg, im Weg,
im welchem Weg?
Ich seh gar keinen Weg!
Wer einmal so alleine war
und sah nur viel Verkehr,
der sucht nicht mehr.

Ich fühl für keinen anderen,
wie der vielleicht für mich.

Für mich, für mich,
für welchen Mich?
Ich kenne keinen Mich!
Wer einmal nur alleine war
und sehnte sich so sehr,
der glaubt nicht mehr.

Will nichts mehr wollen

Will nichts mehr wollen,
will tun,
was ich will.

Will niemand mehr sein,
will sein,
wie ich bin.

Will beim Gehen
nicht mehr nach oben
und unten sehen

Such ab heute
Nebenleute.

Schön müde

Ah, Beh, Zeh,
die Maus schlief ein im Schnee.
Das hat der Mond gesehn.
Jetzt träumen beide schön

von einem Mohnbrötchen im Mohn,
von einer Hängematte aus Lohn,
von einer Dienerin und einem Dinner,
von einer Spindel und einem Spinner,
von einer Störchin an der See,
von einem Fliegenpilz im Schnee,
von einem weiten Blick vom Turm,
von Ruhe, sanft, nach einem Sturm,
und mit aller Kraft
von einer hübschen,
schlanken
Erb-
schaft…

Gut.

Zeigst du mir,
was man nicht sieht,
sag ich dir,
was nichts ergibt.

Lächeln wir uns zu
die Nacht,
haben wir das
gut gemacht.

Dies ist die Geschichte
von den lüsternen Austernfischern
und den unschuldigen Kniekehlchen:

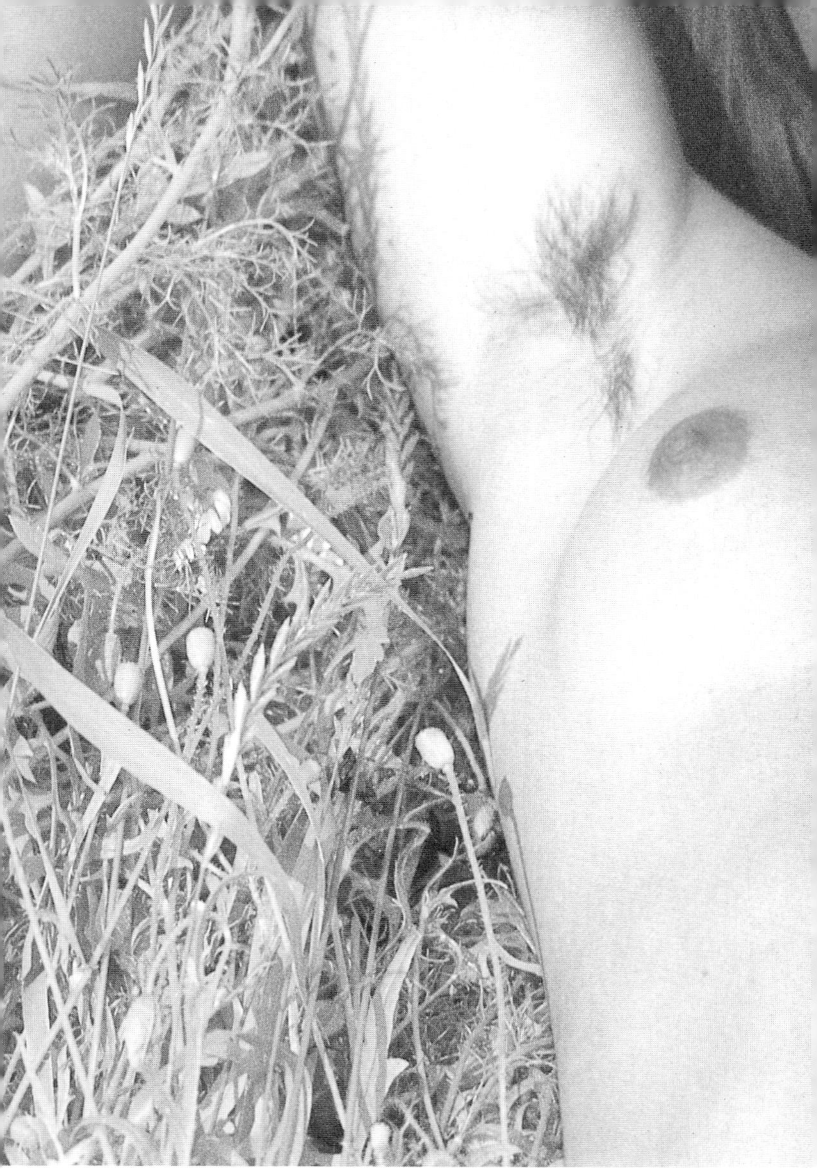

„Lassen Sie das!“

Der olle Hansen und das Lesen

Ich hab' ein Zimmer
voll mit Türen,
die mich in andre Zeiten führen,
und durch die ich so dann und wann
der Gegenwart
entkommen kann.

Die mach' ich auf,
wenn, was so ist,
mir einmal nicht genügend ist,
und geh' hindurch…
…hinein in Bücher,
gerad' so wie Feuchtigkeit
in Tücher.

In Druckerschwärze auf Papier
sicker ich langsam ein.

Gleich bin ich weg.

Und nur ein Fleck
auf den zwei aufgeschlagnen Seiten
grüßt dich nochmal von mir
aus andern,
himmlisch ollen Zeiten…

Die Sprache

An der Grenze
fehlen der Sprache
die Worte.

Ich, ein kleiner Fleck
im großen Dreck

Ich gehöre in kein Haus,
ich bin aus.

Ich habe keine Freunde,
und Freunde haben mich nicht.

Ich habe mich selber nie gehabt,
und ich habe mich selber nie gekannt.

Ich,
ein Korn im Sand…

Ich habe keine Vergangenheit,
und ich habe keine Zukunft.

Ich habe keine Gegenwart,
und die Gegenwart hat mich nicht.

Ich bin da,
und ich bin weg.

Ich,
ein Fleck
im Dreck…

Pommes

Wenn's mir schlechtgeht,
eß ich Pommes,
an der Bude,
bei dem Pommesmann.
Dort find ich Trost in einer kleinen Tüte
und bin jemand,
weil ich bezahlen kann.

Es macht mir Spaß,
daß er viel an mir findet,
der schmuddelige Pommesmann.
Ich tausche mit ihm schwüle Blicke
und tu so,
als ob ch ihn leiden kann.

Wenn's mir schlechtgeht,
eß ich Pommes,
an der Bude,
bei dem Pommesmann.
Ich wälze Chips
in Mayonnaise
und fühle mich als Fräulein Jedermann.

Das Messer

Es war einmal ein Messer,
das wollte die Liebe der Menschen
erringen.

„Was soll ich machen?“ fragte es nacheinander
einen Apfel, einen Fußball und einen Hintern.

„Du mußt rund werden!“ antworteten die drei,
„die Menschen lieben das Runde!“

Also ging das Messer zu einem Schmied
und wurde ein Armreif.

Während es von nun an überall beliebt war,
merkte es, daß ihm plötzlich etwas fehlte:

Es war auf nichts mehr scharf.

Das Aquarium

War mal ein Aquarium,
in dem schwamm ein Lächeln rum.

Manchmal auch ein Schwänzchen,
und es kam zum Tänzchen.

Da steht das Aquarium.
Schwimmt aber kein Lächeln drin.

Auch das Schwänzchen, das ist hin
wohl schon eine Weile.

Aber das Aquarium
glänzt und ist ganz heile.

Ich hab den Wind getroffen …

Ich hab' den Wind getroffen!
Der Kerl war stinkbesoffen
und blies sich selbst ins Loch!

Das hat die Zeit gesehen
und blieb vor Schreck gleich stehen!
Wahrscheinlich steht sie noch.

Rotwein Billig in der Flasche,
in dir sieht man Glut und Asche
und die ganze Welt auf einmal
und sich selber dazu zweimal!
Supermarkt-2-Liter-Wein,
du kriegst jeden Kummer klein!

Der Himmel kommt ins Schwitzen:
Die Erde hat ein'n sitzen
und dreht sich falsch herum!

Der Mond, die alte Glatze,
verschluckt bei einer Fratze
sein letztes Bubbelgumm!

Rotwein Billig in der Flasche,
in dir sieht man Glut und Asche
und die ganze Welt auf einmal
und sich selber dazu zweimal!
Supermarkt-2-Liter-Wein,
du kriegst jeden Kummer klein!

Gleich kommt das Donnerwetter
blitz-schnell mit seinem Vetter
und zieht uns in den Dreck!

Ich hör sie schon von ferne
und seh schon lauter Sterne…!

Jetzt aber – hicks – wie weg!

Rotwein Billig in der Flasche,
in dir seh ich Glut und Asche
und die ganze Welt auf einmal
und mich selber dazu zweimal!
Supermarkt-2-Liter-Wein,
mit dir schläft mein Kummer ein…

Das Geheimnis der Harmonie

Die Harmonie saß am Ufer und schlief,
als plötzlich eine Idee durch die Luft schoß
und rief: „Hilfe, Hilfe! Die Freiheit ertrinkt!
Schnell einen Strohhalm!"
„Geh zur Liebe!" antwortete die Harmonie nur leise
und schlief weiter.

Kurz darauf kam ein Gedanke.
„Harmonie", sagte er, „hilf der Liebe, die Freiheit
zu retten! Alleine schafft sie das nicht."
„Geh zum Glück!" murmelte die Harmonie nur und ließ
sich ins Gras fallen.

Wenig später verbreitete sich die Meinung:
„Das Glück reicht Freiheit und Liebe die Hand –
aber die beiden sehen das nicht. Wenn nicht bald
etwas geschieht, saufen sie alle drei ab!"

„Geh zur Kunst!" erwiderte die Harmonie nur
und drehte sich auf die Seite. –

Danach war Ruhe.
Und die Harmonie schlief schön.
Bis es Abend wurde und die Gewißheit
das Ufer erreichte. –

Da schlug die Harmonie die Augen auf und fühlte sich
frei und glücklich; denn sie sah niemanden,
der ihre Kunst nicht liebte.

Endlich leer

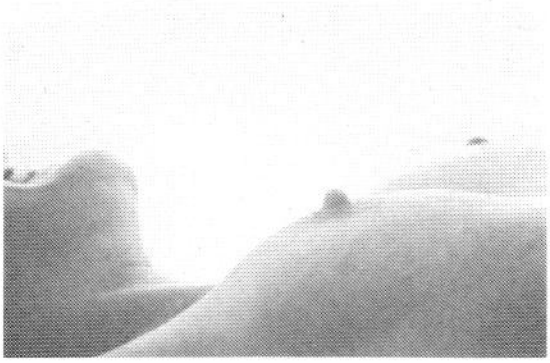

Ich hab' mich heute
kaltgemacht
im Meer.

Das machte „Platsch!"
Und als was abging
„Ratsch!"

Endlich war ich leer.
Und nicht mehr.

Jetzt bin ich wieder arm.
Jetzt hab ich wieder Durst.
Jetzt wird mir wieder warm.

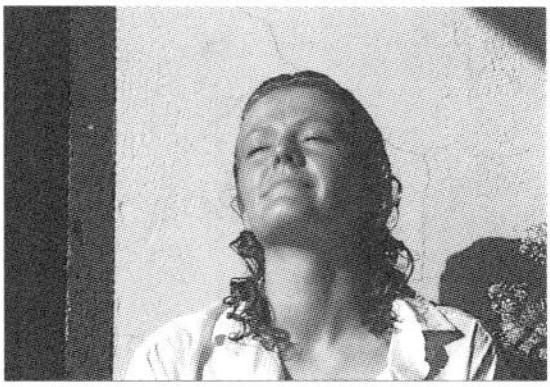

Willi und will nicht

Es waren einmal
ein andauernder Kater
und eine ausdauernde Katze,
die fanden sich,
um sich zu suchen.

Wir sehn uns nicht an
und wir halten die Schnauzen.
Wir spitzen die Ohren
und hören uns mauzen.

Wir drehn uns um uns
mit dem andern im Rücken.
Alleine muß keiner sich
nach etwas bücken.

Wir halten zusammen
und stehen alleine.
Wir sind beide einer
und dabei wie eine.

Wir sind ein Ereignis
der Liebe zum Bilde,
und was nicht ins Bild paßt,
führn wir nur im Schilde…

Gute Frage

Warum tu ich, was ich tu?
Warum denk ich was bei mir?
Wem gehört sie, meine Ruh?
Was von mir ist schon von dir?

Mit wem rede ich im Spiegel?
Was erkenn ich, wenn ich guck?
Bin ich ein gebrannter Ziegel?
Stürzt was ein, wenn ich mich juck?

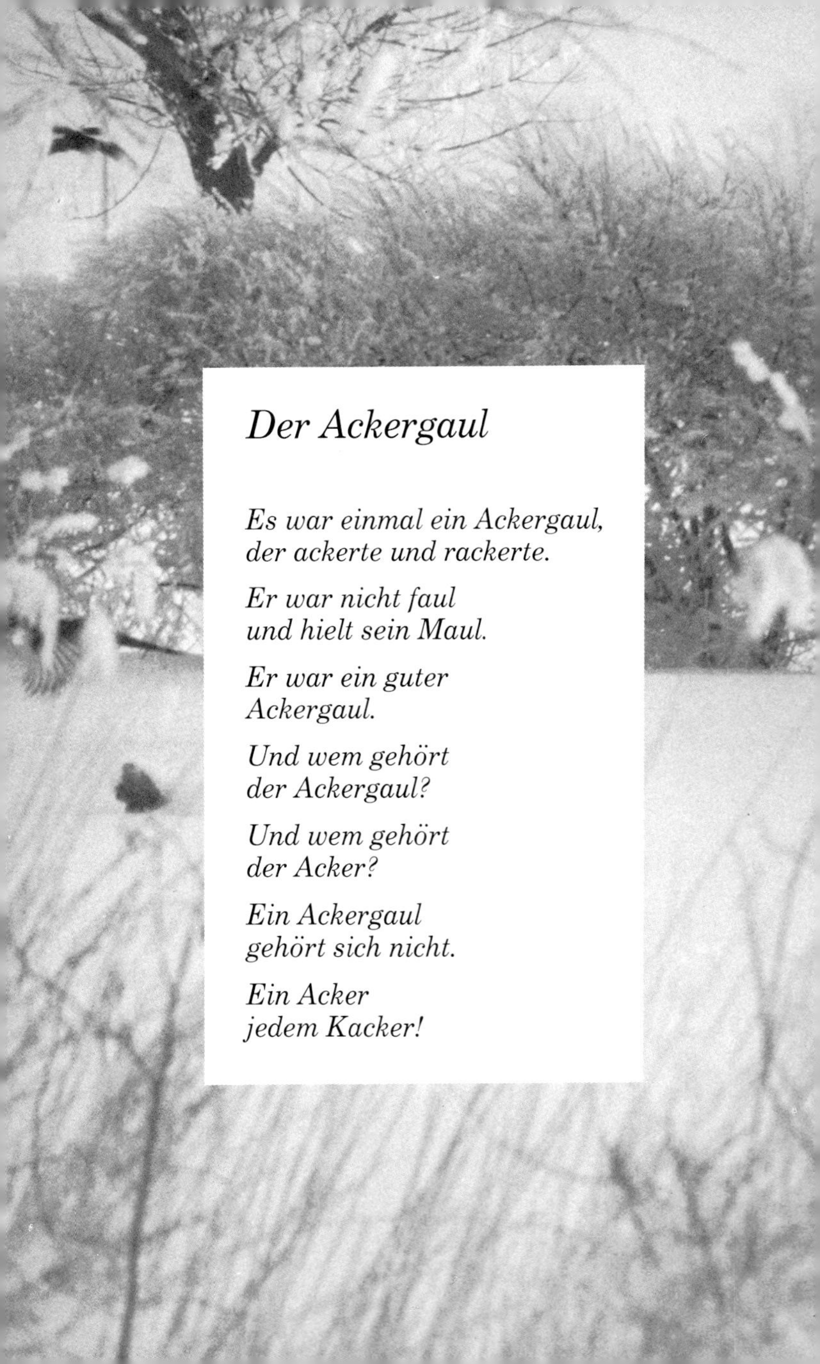

Der Ackergaul

Es war einmal ein Ackergaul,
der ackerte und rackerte.

Er war nicht faul
und hielt sein Maul.

Er war ein guter
Ackergaul.

Und wem gehört
der Ackergaul?

Und wem gehört
der Acker?

Ein Ackergaul
gehört sich nicht.

Ein Acker
jedem Kacker!

Die Anderen

Es war einmal ein Wollüstling,
der machte, was er wollte.

Da fragten sich die anderen,
was das bloß immer sollte.

Da wurde er aus Not Sollist
und tat nur, was er sollte.

Da fragten ihn
die anderen,

ob er das
wirklich wollte.

Sam

Die Straße war mal ein Schlange.
Aber sie ist verdurstet in der Sonne.
Man kann ruhig auf ihr einherschlurfen.
Da passiert nichts.
Nur, wenn viele auf einer Straße einherschlurfen,
passiert was.
Weil die Schlange dann wieder lebendig wird.

Es muß Mittag sein, denn die Sonne steht hoch.
Nirgends ein Hahn zu hören von irgendeinem kühlen
Dorf.
Auch keine Köter.
Hell ist die Welt, und klein sind die Schatten.

Sam schlurft der Straße nach.
Immer ist alles am Horizont.
Zu hören ist nichts.

Sam nimmt seine Hände aus der Tasche,
macht damit vor seinem Mund eine Muschel,
klebt seine Lippen auseinander
und kräht (hahnich):

„Kikeriki!“

Keine Antwort.
Sam schlurft weiter.
Dann bellt Sam.
Erst wie ein Hundesohn, dann wie ein dicker Hund.

(hündisch:) „Äff!“
(hündisch:) „Kläff!“

Keine Antwort.
Sam schlurft weiter.
Dann gackert Sam.
Erst wie ein Huhn, das von gestern erzählt

(huhnich): „Oooh!“

Dann, wie eins, das ein Ei legt

(hennig): „Tocktocktocktock!“

Sam blinzelt in die Sonne.
Kein Applaus?
Wie wäre es denn mit einer Katze?

(katzig:) „Miau!“

Nein, Katzen sind besser.
Aber ein Schwein?

(säuisch:) „Oink!“

Ein Schwein kann jeder.
Aber ein Schaf und eine Ziege im Duett?

(bockig:) „Mä-ä-ä-äh!"
(und zickig:") „M-m-m-m!"

Oder eine Mücke:

(mückig:) „Mmmmmmmmmm!"
(und menschig:) „Au!"

Doof?
Wie kein Pferd!

(froschig:) „Quack!"

Nicht gut?
Sam schlurft weiter.
Was kann man denn noch nachmachen?
Was ist denn noch komisch? –

Da fällt ihm was Tolles ein!
Ein Mensch!
Das wäre mal was Neues!
Aber wie machen Menschen?
Menschen machen Worte.
Nur, für seine Nummer braucht Sam ganz bestimmte Worte!
Menschliche Worte.
So menschlich wie (hahnich): „Kikeriki!" oder (huhnich:) „Ooh!" oder (mückig:) „Mmmmmmmmmm!"

Sam ist stehengeblieben.

„Willkommen zur Premiere!"

ruft er zur Sonne hinauf.

Jetzt mache ich dir mal etwas vor!
Und zwar: einen Menschen!"

Die Sonne scheint.
Sam guckt sie fest und lange an.
Dann sagt er
ernst:

„Ein Bier."

und leise:

„Bitte."

Da lacht die Sonne!
Und lacht!
Und lacht!
Und lacht!

Und dann hört Sam es sogar klatschen.
Nur einmal zwar.
Aber immerhin.

Zuerst fanden ihn die großen Tiere.
Dann die kleinen.
Und als die Menschen ihn fanden,
war er schon sehr Straße.
Und natürlich ein kleines Stück Schlange.

Mal eben

Was ich in deinem Brunnen seh,
das kann ich nicht beschreiben;
denn ich bin nur ein Weihnachtsmann.
Ich zünde ein paar Lichter an
und kann nicht lange bleiben.

Was du in deinen Becher füllst,
das macht dich nicht gescheiter.
Du bist und bleibst ein Osterhas',
der alles Schöne gut versteckt
und hoppelt hungrig weiter.

Wir habn uns schön was ausgedacht
beim Anbau uns'rer Reben! –
Ich hoff', daß du es gerne weißt,
zwei Welten gibt's, in die man reist:
das Ganze und mal eben.

Der Akrobat

Ich bin der Kater auf der Flucht in sein Revier,
ich bin der Hase, und der Igel ist schon hier.
Wenn Geier warten, find ich Frettchen keinen Stein,
bin ich der Geier, haben alle Hamster Schwein.

Ich bin der Seiltänzer, des Schlappseil
auf der Straße liegt,
ich bin der Wasserträger, bei dem eine Leitung liegt.
Plagt mich der Hunger, seh ich mich
in einer Zeitung satt,
und lese vor: das große Fressen findet morgen statt!

Ich bin die alte Spinne, die sich Licht und Fliegen
fängt, ich bin der Tagedieb, der weiß,
er wird nicht aufgehängt.
Ich bin der Hammel, der sich stolz
mit bösem Blicke wehrt
und hofft, daß keiner böser guckt
und ihm die Wolle schert.

Ich bin der Akrobat im Netz…

Wenn ich keine Sonne seh

*Wenn ich keine Sonne seh,
geh ich eine malen.
Bin ich mit der Zeichnung fertig,
muß ich sie bezahlen.*

*Kommt ein junges Huhn vorbei,
fang ich an zu spähen.
Legt das Huhn mir dann ein Ei,
muß ich dreimal krähen.*

*Mache ich die Augen auf,
seh die weite Welt,
fühle ich mich groß und stark, –
bleib in meinem Zelt.*

Der Spargel und die Schwarzwurzel

„Ich bin weiß und du nicht!“
sprach der Spargel zur Schwarzwurzel.
Da traf ihn der Spargelstich.

„Black is beautiful!“
antwortete die Schwarzwurzel darauf dem Spargel.
Schon ging es auch ihr an den Kragel.

Eine Stunde später
schwammen sie in derselben Suppe.

Da war es ihnen schnuppe.

Die Streichhölzer

Es war einmal ein streiches Holz,
das war über die Maßen stolz
auf seinen roten Kopf.

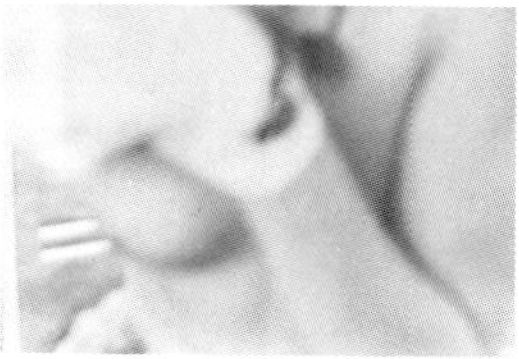

Da kam ein Reibflächlein daher,
und schon
hatte das streiche Holz
kein rotes Köpfchen mehr.

Von Stund an sah es schwarz
für sich und seine roten Brüder.

Und es hatte recht.
Eines Tages
kam das Reibflächlein wieder…

Fühl, als gäb es keine Sprache!
Lieb, als wär's nicht deine Sache!

Zeig dein Maß nicht jedermann!
Strenge dich nur manchmal an!

Janus

Du bist ein Haus,
sie ist ein Garten.
Du bist ein See,
sie ist ein Fluß.
Du mußt auf deine Stunden warten,
sie folgt den Dingen auf dem Fuß.

Sie macht mir Flügel,
und ich fliege,
du machst mir Beine,
und ich lauf.
Sie wirft mich hoch mit ihren Augen,
mit deinem Blick fängst du mich auf.

Suche sie,
brauche dich
und bin dabei immer ich.

Bin ein Janus,
kann nicht wählen
zwischen meinen beiden Seelen,
seh im Spiegel das Gesicht
von der andern Seite nicht.

Bin ein Janus,
lache, weine,
lieb euch zwei
als wärt ihr eine.

Du siehst den Himmel und die Erde,
sie liebt das Feuer und das Meer.
Du pflanzt uns Blumen vor die Fenster,
sie guckt den Vögeln hinterher.

Du bist Erinnerung an Stunden,
sie ist die Lust auf nächstes Jahr.
Sie fragt mich, wie ich gerne wäre,
du sagst mir, wer ich bin und war.

Suche sie,
brauche dich
und bin dabei immer ich…

Die Hühner und der Hahn

Es waren mal zwei Hühner,
die liebten einen Hahn.

Leider
war es damit für die Hühner
und den Hahn
noch lange nicht getan…

Kunst ist unbezahlbar,
Liebe ist umsonst.

Wes Weg du kreuzt, des Lust du teilst.

„Wie findest du eigentlich die Schwerkraft?"
„Die Schwerkraft? – Blöd!"
„Und den freien Fall?"
„Den freien Fall? – Spitze!"

Jeden Morgen ist Welturaufführung.

„Riechst du das Grün? Hörst du das Blau?"
„Ich kann jetzt nicht.
Ich fühle gerade der Schwalbe zu!"

Die Zeit macht, daß dasselbe
immer etwas anderes bedeutet.

„Sind Sie eigentlich ein großer Künstler
oder ein großer Hochstapler?"
„Was wäre Ihnen denn lieber?"

Wenn die Welt ein Huhn bewegt,
wird ein Ei auf sie gelegt.

„Und sie? – Was hat sie dazu gesagt?"
„Sie? – Nichts!"
„Und er? – Was hat er dazu gesagt?"
„Er? – Nichts!"
„Und du? – Was sagst du dazu?"
„Ich? – Ich bin sprachlos!"

Wahr ist, daß wir nicht merken,
wenn sich ein Traum erfüllt.

„Ich finde dich nett. –
Darf ich dich siezen?"

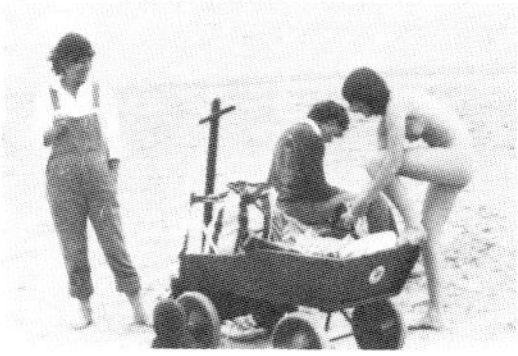

Er war der Hauptmann,
sie war die Hauptfrau.

„Ich liebe dich."
„Wem sagst du das?"

Was nützte es dem Menschen,
wenn er die ganze Welt besünge
und nähm doch Schaden an seiner Kehle?

„Ich bin dein Echo! Ich sag dir vor!"

Der Zeppel und die Zeppelin,
die wußten nicht vor Glück, wohin!

„Herzlich will kommen!"
„Herzlich? – Wer ist Herzlich?!?"

Das kann ein schöner Tag werden,
mir ist so ernst.

„Wenn dein Haus abbrennt, ist das unecht Pech.
Weil du ja versichert bist.
Nur, wenn du schwarzes Geld im Haus hattest,
ist das echt Pech!"
„Ja. Das versteh ich."

Meine Kunst ist deine Kunst,
unsere Kunst ist keine Kunst.

„Wenn etwas paßt, dann paßt es.
Ich wünsch dir nix – du hast es!"

Was ich weiß, macht mir Eis.

„Ich hab im Leben viel Glück gehabt.
Das steht jetzt fest."

Erst fällt die Sonne, dann scheint der Schatten.

„Es geht mir schlecht. Aber ich habe ein gutes Gefühl."
„Es geht mir gut. Aber mein Herz hüpft nicht."

Manche, die unglücklich tun, sind nur geizig.

„Sitz nicht so da!
Tu was und lege deine Hände in meinen Schoß!"

1 ame Spitze sucht glatte 0
zwecks Verzehnfachung ihrer gemeinen Interessen!

„Dreck kann man nur mit Geld beschmeißen!“

Jede Kunst ist natürlich.
Nur die Kunst nicht.

„Wenn zwei sich einig sind,
streitet sich der Dritte!“

Wie arm die Glücklichen sind,
wie einsam die Klugen
und wie verborgen gute Fragen!

„Man muß doch nicht immer den Consense suchen!“
hört man leise den Nonsense fluchen.

Hier sitz ich und schwitz ich,
wenn'n Witz kommt, dann skizz ich!

Der Könner: „Du wirst nie etwas können!“
Der Versucher: „Das käme auf einen Versuch an!“

Komm ich mal in Nöte,
spiel ich auf meiner Flöte.

„Bitte, furchtloser Vampir,
beiß in diese Vampe hier!“

Wer was weiß, wer was kann, wer was tut,
der ist gut!

„Guck mich an, wenn ich dich schlage!“
sagte der Hammer.

Ich bin ein komischer Käfig.
Ich pfeife auf meinen Vogel.

„Liebe! – Dann können die anderen dich gern haben!“

Am Ende ist man, der man ist.
Wohl dem, der, was er soll, vergißt!

„Heute Abend geh ich mal früh ins Bett.
Die letzten 40 Jahre waren ziemlich anstrengend.“

Vier Sätze

Er liebt mich,
wenn er mich lieben will.

Ich liebe ihn,
wenn ich ihn lieben kann.

Ich liebe ihn,
weil ich ihn brauche.

Er braucht mich,
weil ich ihn liebe.

Ohne ein Bemühn

Ich bin heut'
in den Wald gefahrn
und wollte nie
zurück.

Ich kam mir
wie kein Trottel vor.

Ich hatte
großes Glück.

Dann ist der Wald
in mich gefahrn.

Ich bin jetzt
wieder grün.

Und habe einen
in der Krone.

Ohne ein
Bemühn.

Die 8 und die 1

„Warum komm ich mir bloß immer so alt vor, wenn ich hinter dir hergeh?“ fragte die 1 eines Abends die 8.

„Mir geht es genauso, liebe 1“, antwortete darauf die 8, „vielleicht solltest du einfach mal vorangehen?“

„Mensch, das ist toll!“ rief da die 1, „ich fühle mich ganz jung!“, und die 8 antwortete: „Mir geht es genauso, liebe 1! Ab jetzt gehen wir nur noch so durchs Leben!“

Die 1 und die 8

„An was denkst du eigentlich,
wenn du deinen Schatten siehst“,
fragte die 8 eines Abends die 1.

„An meine strenge Kindheit“,
antwortete die 1, „und daß auch
ich meine Kinder zur Spitze
peitschen werde. – Und du?
Woran denkst du?“

„Ich denke, daß ich erst nach meinem
Tode, ‚unendlich viel‘ bedeute.“

Noch 7 Olle-Hansen-Gebote

Du sollst nicht lange unterlegen!
Du sollst dich gehen lassen!

Du sollst dich durchpausen!

Du sollst selbst herrlich sein!
Du sollst aus allem mehr machen!
Du sollst unverschämt sein!
Du sollst fabelhaft leben!

Der Kahn

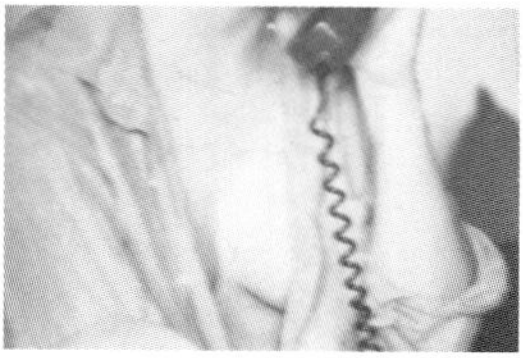

Es war einmal ein Kahn,
der hing an seiner Kette.

Wenn er daran nicht so
gehangen hätte,
dann hätte ihn ein Wind
aufs Wasser hinausgetrieben.

Dort wäre er dann
mit dem Wind
wer weiß wie lange
geblieben.

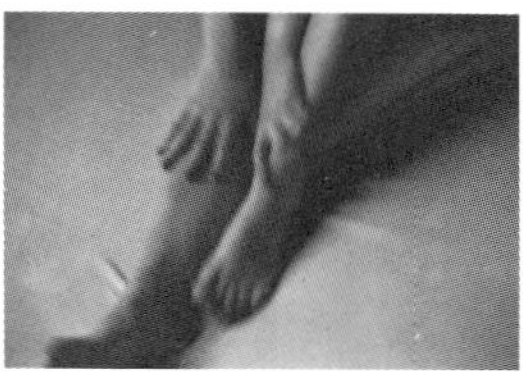

Fremdling

Du bist Fremdling
in dieser Welt,
sagte ich mir heute,
als plötzlich Häuser vor mir standen
mit einem Himmel darüber
und Straßen dazwischen,
ein Schlager lief,
ein Mann rief
und ich auf einmal sah,
wie alles war.

Dann dachte ich,
vielleicht ist jeder
Fremdling in dieser Welt,
der innehält,
und fuhr beinahe heiter
weiter.

Die zwei grünen Raben

Es waren mal zwei grüne Raben,
die wünschten sich,
als der Frühling kam,
einen Knaben.

Der Frühling ging.
Nirgendwo ein Knabe von einem Rabe.

Der Sommer kam.
Der Sommer ging.
Nirgendwo ein Knabe von einem Rabe.

Der Herbst kam.
Der Herbst ging.
Nirgendwo ein Knabe von einem Rabe.

Endlich kam der Winter.
Ein langer und ein strenger Winter.

Da kamen die beiden grünen Raben dahinter…

Es gibt immer eine

Du zählst Tage,
wenn ein Jahr vorbei ist.

Du spürst Arme,
wenn mal wieder Mai ist.

Du siehst Augen,
wenn du deine schließt.

Du hörst Lachen,
wenn du Blödsinn liest.

Es gibt immer eine,
die nicht da ist
und dir nah ist.

Irren ist lustig
Berühren macht still
Schweben ist göttlich,
und Gott ist, wer will.

Willst du?

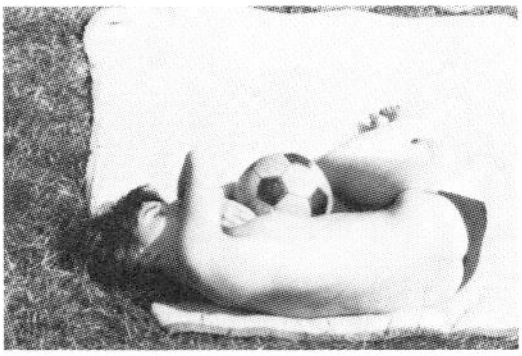

Willst du die Sonne sein,
die die Knospen weckt
oder der Mond,
bei dem die Blüten schlafen?

Willst du das Fenster sein,
durch das die Wünsche klettern
oder die Tür,
vor der die Grüße tanzen?

Willst du ein Storch sein,
der redet,
wie ihm der Schnabel gewachsen ist
oder hast du einen Frosch im Hals?

*Willst du ein Glückspilz sein,
der in der Pfanne verrückt wird
oder ein Hampelmann,
den man am Faden zieht?*

*Willst du die Lust sein,
die auf die Pauke haut,
oder der Humor,
der flöten geht?*

*Wenn wir nicht baden gehen,
verhungern wir.*

*Wenn wir uns nicht verlaufen,
erfrieren wir.*

*Guck mich an!
Ich habe ein tolles Blatt,
und es wird Herbst...*

Der Olle Hansen und seine große Liebe

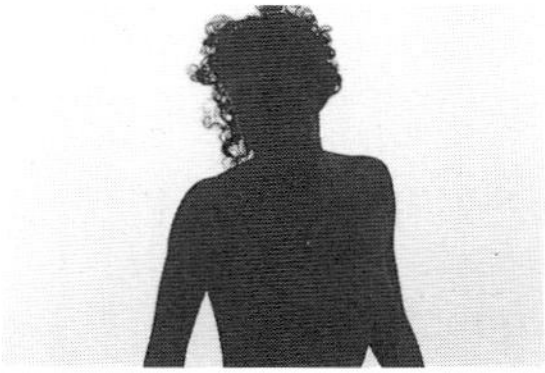

*Guten Abend,
schöner Kirschbaum, du,
komm, mach die Blüten zu
und öffne deine Blätter:*

*Ich werde heute lange bleiben
und mich an deiner Rinde reiben
und deine Früchte zwicken,
die dicken.*

*Hier
bei dir
bin ich geborgen,*

und morgen ist morgen.

Wollen

Jeder will,
was jeder will.

Denn keiner will,
was keiner will.

Nur wenige wollen,
was sie finden.

Alles ist und.

Hinter dem Wald
hinter den Häusern
liegt Duisburg,
die Nordsee
und Kanada,
wo Männer Bäume fällen
und Frauen englisch
und französisch sprechen.

Auf dem Teppich liegt Spielzeug
und unter der Tür die Zeitung.
Einer hat wieder Krieg angefangen,
zwei haben geheiratet,
drei haben ein Kind gekriegt
und heute abend gehen wir zu Fritz.

Alles ist und.

Anna Balou

Anna Balou,
kleiner Luftbonbon,
komm, wir geh'n zu Onkel King-Kong
und spie-len mit Susi Wong
eine Partie
Kinder-Ping-Pong!

Benny Balou

Benny Balou,
oller Struwelkopp,
komm, wir suchen Tobi Knopp
und verkaufen diesem Tropp
unsern alten Suppentopp!

Einzelhaft

In einem gemachten Nest
bin ich ein Ei
und gucke durch die Schale.

In einem gemischten Spiel
hab ich den Grand
und weiß doch, daß ich zahle.

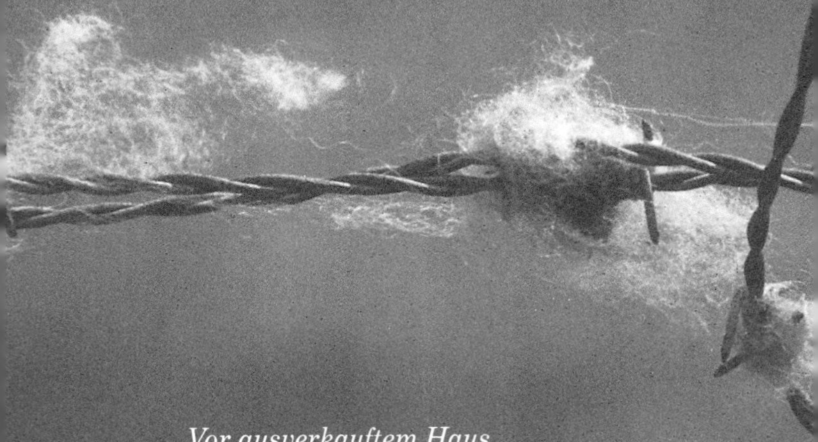

Vor ausverkauftem Haus
spiel ich den Helden
im Mantel eines andern.

In Einzelhaft
bewach ich mich
und sing ein Lied vom Wandern.

Der Esel und sein Freund

„Warum trittst du eigentlich immer mich?"
fragte der Eseltreiber sein Grautier,
„ich bin doch dein Freund!"

Der Esel antwortete nicht.

„Er wird schon drauf kommen", sagte er sich
und ging weiter.

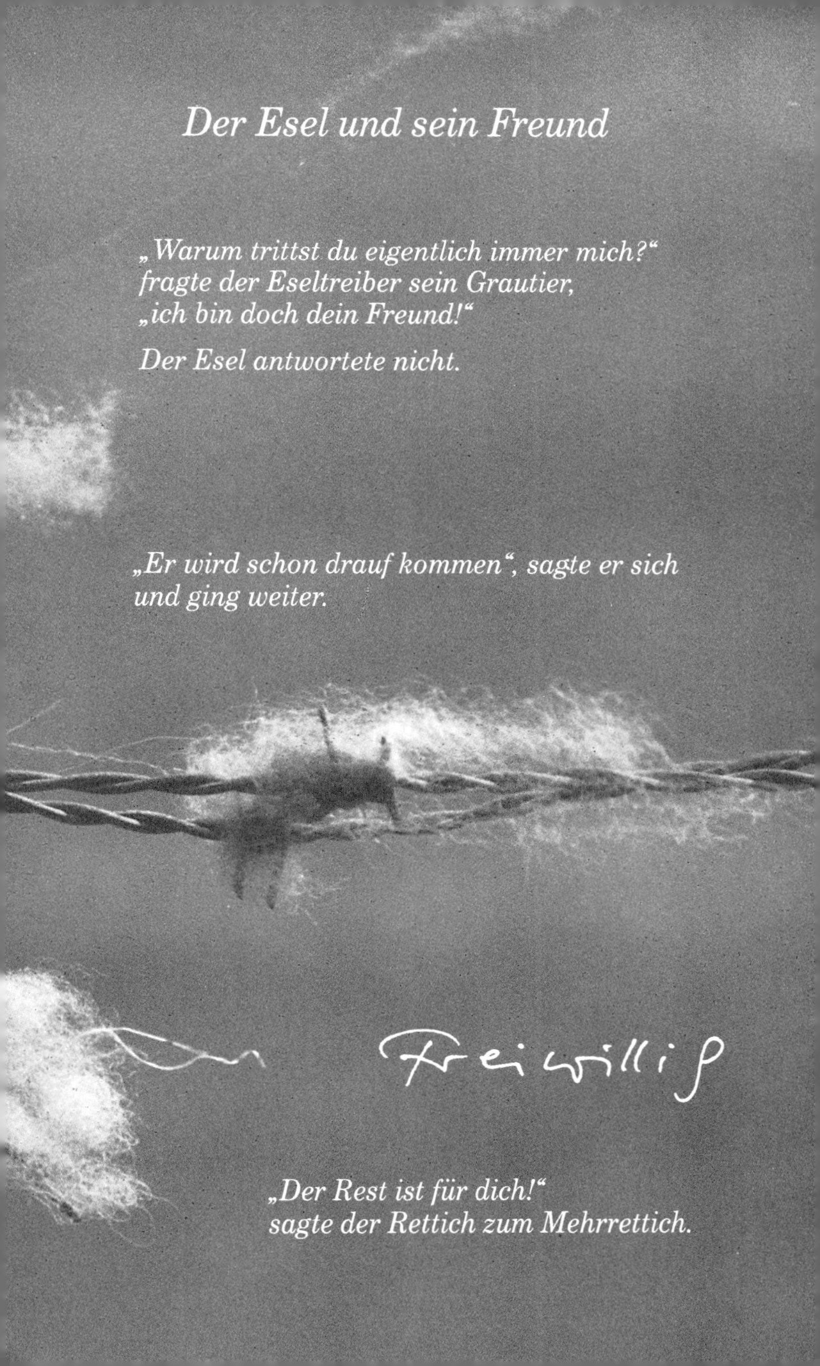

Freiwillig

„Der Rest ist für dich!"
sagte der Rettich zum Mehrrettich.

Ich und Du, Müllers Kuh...

Das letzte Lied
hat er nicht geschrieben;
denn das letzte Lied
ist jedes Lied.

Es ist das Lied von dem Fotograf
und allem, was der heut so darf,
das Lied vom Radio,
das uns mit seiner Musik
den Himmel auf Erden verspricht
und nach dem Druck auf den Knopf
sein Versprechen bricht,
das Lied von einer, die viele liebt,
und den anderen, die dazu sagen,
sie liebten lieber nur einen
und lieben in Wirklichkeit keinen.

Es ist das Lied von dem Abend,
an dem man mit halbvollem Kopf
in ein halbleeres Bett geht,
das Lied von einem,
der immer seinen Mann steht,
wenn gerade mal nichts schiefgeht,
das Lied von einer, die Ameisen tot macht,
um sie vor Gefahr zu bewahren,
und das Lied von einem,
der immer, wenn er mit einer Katze frißt,
vergißt,
wer er einmal gewesen ist.

Es ist das Lied von einem Brief,
in dem eine schrieb,
daß ein bestimmtes Gefühl für einen
immer blieb,
das Lied von zwei Eseln,
die einmal etwas von sich wollten,
sich aber nicht trauten
und dann jahrelang schmollten,
das Lied von dem Glück,
bei dem es kein Vorwärts gibt
und kein Zurück
und das Lied von einer namens Ulli,
bei der man seine Hände wärmen kann
unter einem Pulli.

Das letzte Lied
hat er nicht geschrieben;
denn das letzte Lied
ist jedes Lied.
Und auf dem Bild dazu
sind ich
und Du
Müllers Kuh.

Hausen

Steht der Wind auf deinem Haus,
pustet dir dein Feuer aus,
war es nur ein kleines. –

Fährt der Sturm dir in die Glut,
macht dein Feuerchen erst gut,
dient es dir wie meines.

Mein Leben, das ist ein Bild

Mein Leben,
das ist ein Bild,
an dem ich male.

Leute,
die kommen,
gucken sich gerne
die fertige Hälfte an.

Ich sehe mehr die kahle.

Und bin von der Idee besessen,
hier nichts Schönes zu vergessen.

!

Dicht
dein Gesicht.
Vertraut
deine Haut.

Endlich
deine Stimme.
Wieder dein Blick.

Verrückt
mein Blut.
Du,
mein Mut.

Der Esel und die Tanten

Einmal machte ein Esel
aus einer Mücke einen Elefanten.

Das sahen seine Tanten.
Sie riefen: I! A! I! A! Er ist ein Zaubara
und arrangierten eine große Show.

Dort versuchte der Esel dann
denselben Trick.
Als er jedoch all die anderen Esel sah,
klappte er nick!

Beschämt suchte er das Weite.

Die Show wurde abgesetzt,
und die Tanten gingen pleite.

Mußt du eben überbrücken...!

Hast du Zimmer,
hast du Ecken,
hast du Ecken,
muß was rein.

Hast du nicht das Ideale,
so, wie ich in diesem Falle,
mußt du eben überbrücken,
stellst du Grünzeug in die Lücken.

Hast du Lust auf Hyazinthen,
pflanzt du diese vorn und hinten.
Hast du keine Zeit zu gießen,
kommt die Zwiebel nicht zum sprießen.

Mußt du eben überbrücken,
stellst du Palmen in die Lücken,
die nicht sprießen wollen,
das aus Plastikknollen.

Bist du jemand,
hast du Ecken,
hast du Ecken,
hast du Lücken,
mußt du eben überbrücken.

Dann!

Erst bist du nur zur Stelle.
Dann lehrt man dich die Lehre.
Dann fühlst du als Geselle.
Dann bringt die Liebe Schwere.
Dann riecht die Welt
nach Kleister…

Dann mache deinen Meister!

Die alte Birne und die jungen Äpfel

„Macht's gut, ihr jungen Prallen!
Ich bin vor euch gefallen.
Ihr gönnt mir doch mein Glück?
Dann zieh ich mich zurück!"

„Mach's gut, du alter Schrumpel!
Du warst ein prima Kumpel.
Wir warten noch auf Lieschen.
Dann beben wir ein Bißchen.

Dann sind wir nur noch Kerne.
Dann folgen wir dir gerne.
(Nur nicht lebenslange Haft
und beschimpft als Apfelsaft!)"

Das ist ein Tag!

Das ist ein tag…
ach!
wie kein bach
so…

Das ist ein tag…
hei!
wie kein ei
so…

Das ist ein tag…
oh!
wie ein po
so
doppelt!

Und wie
der hoppelt…!

Frische Bete

Guten Morgen,
helles Licht!
Strahl
und mach mir
ein Gesicht!

Guten Abend,
lieber Mond,
schein
und zeig mir,
was sich lohnt.

Gutes Wetter

Bin ein liebend Bäuerlein,
mäh dein Büschel Gras.

Wird ein gutes Wetter sein,
wenn ich dich verlaß!

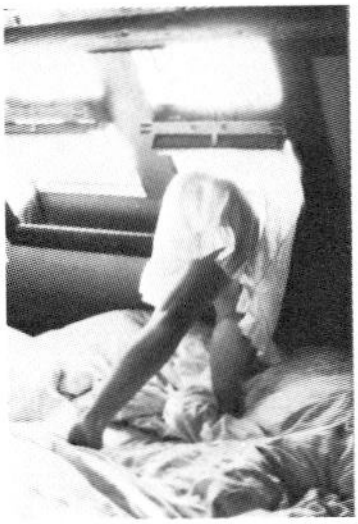

Die Seele in der Speisekammer

„Ich werde bald wieder auf die Jagd gehen!“ sagte die Seele, als sie einmal wieder mit ihrem Gedächtnis in der Speisekammer stand.

„Ein paar Vorräte haben sich nicht gehalten, und überhaupt habe ich in der letzten Zeit so einen Hunger auf was Unbeschreibliches! – Kommst du mit?“

Das dicke Gedächtnis grinste.
„Du willst ja nur,
daß ich wieder abnehme!“

Der Witz bei der Bilanz

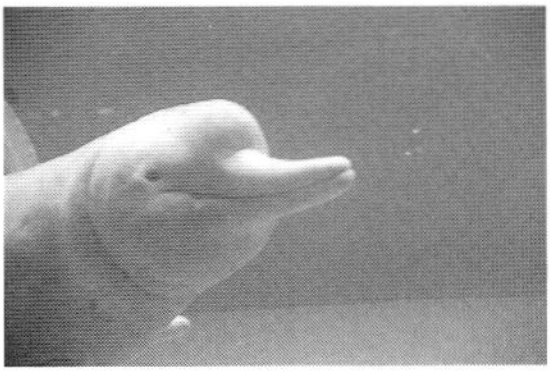

Witz und Gefühl lebten schon
seit einiger Zeit getrennt,
wollten sich jedoch aus steuerlichen Gründen
nicht scheiden lassen.

Als sie einmal wieder zusammen saßen,
um ihre Bilanzen zu unterschreiben,
fragte das Gefühl:

„Sollen wir es nicht nochmal
miteinander versuchen?“

Keine Antwort. –

Das Gefühl sah sich um.
Wo war der Witz?

Hab mit meiner Kleinen Schluß.

Was ich dir übrigens noch sagen muß:
Hab mit meiner Kleinen Schluß!
War höchste Zeit!
Waren schon zu lange zusammen!
War einfach so weit!
War besser so!
Bin richtig froh!

Was ich dir übrigens noch sagen muß:
Hab mit meiner Kleinen Schluß!
Haben uns zwar irgendwie geliebt,
waren schließlich lange zusammen,
finden aber, daß es noch andere gibt!
War besser so!
Bin richtig froh!

Was ich dir übrigens noch sagen muß:
Hab mit meiner Kleinen Schluß!
Du hast das kommen sehen?
Sie wollte mit einem andern gehen? –
Das kann ich nicht verstehen!
Ich sag ja: war besser so!
Bin richtig froh!

Was ich dir übrigens noch sagen muß:
Meine Kleine hat mit mir Schluß!
Nur wegen einem anderen
ist sie mich plötzlich leid
und vergißt unsere lange Zeit.
War für mich vorher besser als so.
Nur sie, sie ist jetzt richtig froh…!

Die Schattenmorelle

Zwei,
die viel gemeinsam hatten,
trafen sich
manchmal im Schatten.

Im Licht
sah man das
so nicht.

Und wenn wir es wie die Wellen machten?

*Du dich wiegend,
ich dich fast kriegend,
schließlich zerplatzend,
du kratzend
im Sand –
wir beide im Niemandsland,
weg mit dem Wind,
leicht wie wir sind...?*

Was rede ich?

*So war es doch
gerade noch!*

Einstein
mit Zweibein
liebt zwei Bein
wie ein Stein

Luft ist an und atmet Haut.
Alle Wiesen sind die Braut.

Einstein sieht nur rote Schuh.
Hört dem wilden Wasser zu.

Wann ist die Geschichte aus?
Jetzt. Die beiden sind zu Haus.

Mein Haus

Als wäre plötzlich wieder Strom
und die Welt ginge an,
als brauchte man nie wieder zu lügen
und wäre mit Würfeln dran,
als zöge es einem den Mantel aus,
den nassen,
und nähme einem die Flaschen ab,
so ungefähr,
nein, lustiger,
fühlt es mich,
wenn ich dich vor mir hab,
mein Haus.

Dich aufschließen
und riechen,
Zimmer für Zimmer,
das ist es,
das war es schon immer.

Alles ist gut, wie es ist.
Weit und breit kein Feind
und den Nachbarn hat die Zeitung. –

Herrlich so ein Leben,
wenn man es hinnimmt.

Pour toi

Der Schnee
liegt in der Sonne
und schmilzt.

Dein Hals
liegt in der Sonne
und schluckt.

Meine Hand
liegt auf deiner
und wir lassen
sie da.

Pour toi.

Bei dir

Bei dir
bin ich endlich
aus dem Gedränge!

Bei dir
hab ich wieder
die alte Länge!

Bei dir
ist der Mund
gleich unter der Nase,
seh ich Blumen
in einer Vase,
find ich Ruhe
in Knöcheltiefe –
so,
als wären wir Schuhe,
und der sie trägt,
schliefe.

Der Wasserfall

Es war einmal ein Flieg,
der zappelte am Fliegenfänger.

Weil der klebte.

Das sah ein Wasserfall
und stürzte sich vom Felsen.

Solange er lebte.

Wir sind zwei

Wo ich auch bin,
du bist dabei.

Wo du bist,
bin auch ich oft
unverhofft.

Sei gut zu dir!
Wir sind zwei.

Du

Du guckst stolz,
blühst nicht nur,
Garten.
Duftest so,
läßt uns froh
warten.

Wartest nicht,
bist so viel Hafen.
Willst auch wie
ich nicht nur
schlafen.

Schläfst so tief,
brauchst nichts mehr,
Wesen.
Warum kann
ich dich nicht
lesen?

Der Schweinespaß

„Pappa, gehn wir noch zum Schwein?"
„Wenn du meinst, das müßte sein…

…sag es deinem Mütterlein."
„Mami, wir gehn jetzt zum Schwein!"

„Ich will es als erste sehn,
aber du darfst mit mir gehn!"

„Da ist das Schwein
und schubbelt sich…

…und wälzt und kratzt
und rubbelt sich!"

Jetzt gehn alle froh nach Haus.
Nur das Schwein sieht traurig aus.

Das Schweinelied

„Alle Tiere schlafen schon,
komm ins Haus jetzt, lieber Sohn!“

„Mami, schläft das auch, das Schwein?“
„Ich glaub, es schläft grade ein.“

„Mami, kommt das in mein Bett?“
„Dazu ist es wohl zu fett!“

„Mami, putzt das Schwein auch Zähne?“
„Ich glaub nicht,
du Wicht!
Guck, wie dunkel es schon ist!
Daß du jetzt noch draußen bist!“

„Ja, Ben lieber draußen sein!
Ben jetzt nämlich auch ein Schwein!“

„Euer Schwein ist längst zu Haus,
komm doch endlich, Anna-Maus!“

„Mami, singt das Schwein auch Lieder?“
„Nun, es grunzt halt hin und wieder.“

„Mami, ist das Schwein alleine?“
„Nein, da sind noch andre Schweine.“

„Mami, krieg ich auch ein Schwein?“
„Werdn wir alles morgen sehen! –
Soll ich hier noch lange stehen?“

„Mami, nein, wir kommen rein!
Nur mußt du noch gleich zum Schwein
gehen bei den Bäumen
und ihm sagen, daß wir beide
ganz doll von ihm träumen!“

Es regnet wieder

Denkst du an mich?

Ich bin der Vogel,
der aus dem Fenster guckt,
und ich spüle das Geschirr.

Denkst du an mich?

Ich bin das hügelige Land
mit dem tiefen Brunnen,
und ich gieße die Blumen.

Denkst du an mich?

Ich bin die Bank
in der Abendsonne,
und ich rauche eine Zigarette.

Denkst du an mich,
wenn es aufhört?

Im Stroh

Im Stroh, im Stroh,
da brannten mal zwei lichterloh.

Dann warn sie ausgebrannt
und guckten froh ins Land.

Die Schuhe

Es waren mal zwei Schuhe,
die waren aus demselben Leder,
das sah jeder.
Sie gingen dieselben Wege
und machten zur selben Zeit halt.
So wurden sie gemeinsam alt.
Schließlich fanden sie auf einem Speicher
zusammen ihre Ruhe.
Noch mancher erinnert sich heute:
das war mal ein gutes Paar
Schuhe.

Die süße Maus

Es war einmal eine süße Maus,
die lebte in einem englischen Haus.

Da hat ein Schweizer das Haus gekauft.
Da ist die süße Maus weggelauft.

Der Olle Hansen und seine Schlummerwolke

Gute Nacht, Kinder,
schlaft schön
und träumt gut
von Opas schwarzem Hochklapphut,
von der neuen Bude bei Fritz,
von Tante Hedwigs doofem Spitz,
vom grünen Steinfresser,
vom Umglücksraben „Jammerschade“,
von Toast mit Marmelade,
vom Picknick im Urwald
bei den Schimpansen
und
von einer Reise
zum ollen
Han-
sen.

Der Paraplui und der Regen

Ein Paraplui sprach mal zum Regen:
„Du hast mich lang genug gequält,
deine Tage sind gezählt!
Ich werde dich kriegen
und für immer besiegen!“

Den Regen hat das nicht gestört.
(Wahrscheinlich hat er’s nicht gehört.)

Von mir aus

Ich wäre gerne ganz weg
und voll da!

Ich wäre gerne Konfetti,
aber ich weiß nicht, mit wem!

Ich wäre gerne verliebt,
aber was das wieder kostet!

Ich wäre gerne ein Sehräuber,
aber was ich sehe, gehört mir schon!

Ich würde gerne einen rauchen,
aber ich würde auch gerne eine trinken!

Ich wäre gerne der Gewöhnlichste
von allen,
aber die anderen lassen mich nicht!

Ich wäre gerne eine Luftschlange,
aber nur, wenn keiner lacht!

Von mir aus kann alles so weitergehen,
nur nicht so schnell!

Der Augenblick

Es war einmal ein Augenblick,
der guckte unverfänglich.

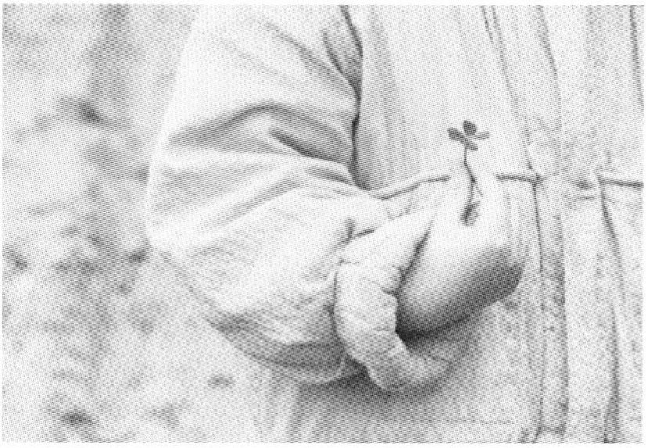

Jetzt hat er lebenslänglich.

P. S.: Pssst! Es war einmal ein Einfallspinsel,
der hatte feste Kosten.
Da hat er schnell ein Buch gemacht,
darüber hat die Welt gelacht,
jetzt darf er auch in' Osten!

Hier steht, woher der Wind weht.
zum Glück aus:

Der Olle Hansen und seine Stimmungen –
Bilder für die eigenen und befreundete Wände
(1977 und 1980)

Rapunzel – Liebeslieder aus Hansens Haus (1978 und 1982)

Der Esel (1978) und der Kuckuck und der Esel (1981) – Fabel-haftes aus Hansens Haus

Gulliver – Alltagslieder aus Hansens Haus (1980) und Guten Tag! – Eine Gullivergeschichte (1983)

Berühren ist alles – Skizzen aus Hansens Haus (1982)

Anna und Ben – Kinderlieder aus Hansens Haus (1983)

Artuhr – ein Bilderlesebuch aus Hansens Haus (1986)

Zeit ist ein Riese – gesammelte Kalenderblätter (1985) und den anderen Kalenderbildern vom Ollen Hansen (1982–1987), Neue Texte

Georch und Georgine – eine Liebesgeschichte aus Hansens Haus (1984)

Druck und buchbinderische Verarbeitung:
Hubert & Co., Göttingen

Printed in Germany ISBN 3-7701-1804-9

Morgen!

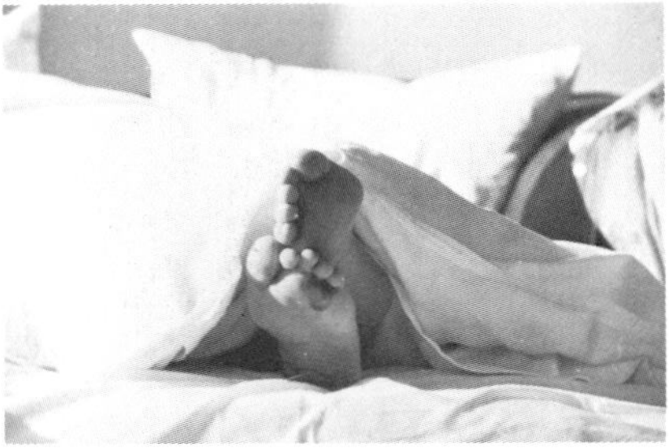

„Du wirst meine schönste Wiese", sagte der Maulwurf, „gleich morgen fange ich an!"